Egbert Rosenplänter

Es kommt ein Schiff

Egbert Rosenplänter

Es kommt ein Schiff

Predigten für heute und morgen

Fromm Verlag

Impressum/Imprint (nur für Deutschland/ only for Germany)
Bibliografische Information der Deutschen Nationalbibliothek: Die Deutsche Nationalbibliothek verzeichnet diese Publikation in der Deutschen Nationalbibliografie; detaillierte bibliografische Daten sind im Internet über http://dnb.d-nb.de abrufbar.

Coverbild: www.ingimage.com

Contact:
International Book Market Service Ltd., 17 Rue Meldrum, Beau Bassin, 1713-01 Mauritius
Website: www.bookmarketservice.com
Email: info@bookmarketservice.com

Gedruckt in: USA, UK, Deutschland. Dieses Buch wurde nicht in Mauritius produziert.

Imprint (only for USA, GB)
Bibliographic information published by the Deutsche Nationalbibliothek: The Deutsche Nationalbibliothek lists this publication in the Deutsche Nationalbibliografie; detailed bibliographic data are available in the Internet at http://dnb.d-nb.de.

Cover image: www.ingimage.com

Contact:
International Book Market Service Ltd., 17 Rue Meldrum, Beau Bassin, 1713-01 Mauritius
Website: www.bookmarketservice.com
Email: info@bookmarketservice.com

Printed in: U.S.A., U.K., Germany. This book was not produced in Mauritius.

ISBN: 978-3-8416-0150-6

1. Es kommt ein Schiff
2. Wo Gott wohnen will (Christnacht) *Hesekiel 37,24-28*
3. Auf der richtigen Seite *Matthäus 21, 1 - 9*
4. Dein Platz am Tisch (Gründonnerstag) *1.Korinther 11,23-26*
5. Überschriften (Karfreitag) *Johannes 19,16-30*
6. Von Gott verlassen? (Karfreitag) *Matthäus 27, 33 - 50*
7. Eine Tür ins Leben (Ostern) *Markus 16,1-8*
8. Er geht vor euch her (Ostern) *Markus 16,1-8*
9. Beim Namen genannt (Ostern) *Johannes 20,11-18*
10. Himmelfahrt und Tag der Arbeit *Epheser 1, 20b - 23*
11. Himmelfahrtsglocken *Johannes 17,20-26*
12. Wie der Glaube Flügel bekommt (Pfingsten)
13. Ein heißes Herz *Apostelgeschichte 2*
14. Ganz nahe (Konfirmation) *5. Mose 30, 11 - 14*
15. Vögel, Blumen und Menschen (Erntedankfest) *Hebräer13, 15-16*
16. Haus und Zelt (Totensonntag) *2. Korinther 5, 1 - 10*
17. Trost *2.Korinther 1,3-7*
18. Wacht auf *Epheser 5, 8 - 14*
19. Das Licht auf dem Leuchter *Matthäus 5, 14 – 16*
20. Freiheit *Römer 6,19-23*
21. Gott lässt keinen leer ausgehen *Matthäus 20, 1 - 16*
22. Jesus heilt einen Blinden *Markus 8,22-26*
23. Wem gehören wir? *Matthäus 22, 15 – 22*
24. Liebe Gemeinde *1. Johannes 4, 16b – 1*
25. Reiche Ernte *Lukas 8,4-8*
26. Salz und Licht *Matthäus 5, 13 - 16*
27. Du bist gemeint *Lukas 1,26-38*
28. Wer ist Gott recht? *Lukas 18,9-14*

Diese Predigten sind in der Kirchengemeinde Ahausen (Kreis Rotenburg/Wümme) entstanden. Sie wären nicht denkbar ohne die Menschen, die mir in den Gottesdiensten aufmerksam und kritisch zugehört und meinen Weg begleitet haben. Ihnen gilt mein besonderer Dank.

1.Es kommt ein Schiff

1. Es kommt ein Schiff, geladen
bis an sein' höchsten Bord,
trägt Gottes Sohn voll Gnaden,
des Vaters ewigs Wort.

2. Das Schiff geht still im Triebe,
es trägt ein teure Last;
das Segel ist die Liebe,
der Heilig Geist der Mast.

3. Der Anker haft' auf Erden,
da ist das Schiff am Land.
Das Wort will Fleisch uns werden,
der Sohn ist uns gesandt.

4. Zu Bethlehem geboren
im Stall ein Kindelein,
gibt sich für uns verloren;
gelobet muss es sein.

5. Und wer dies Kind mit Freuden
umfangen, küssen will,
muss vorher mit ihm leiden
groß Pein und Marter viel,

6. danach mit ihm auch sterben
und geistlich auferstehn,
das ewig Leben erben,
wie an ihm ist geschehn.

Es kommt ein Schiff, geladen bis an sein höchsten Bord. Dies ist die Geschichte von einem Schiff. Ein Schiff fährt übers Wasser. Das Wasser ist breit und tief. Drüben ist Gottes Ufer und hier ist unseres. Ein Wasser, das uns von Gott trennt. Die Trennung ist alt und schwer. Einmal, vor Urzeiten, war das ein Kontinent, grenzenlos, als Gott und Menschen noch gemeinsam wanderten. Dann ist ein Graben eingebrochen durch die Schuld der Menschen. Sie haben gemeint, sie brauchten Gott nicht und wüssten alles besser. Jetzt scheint uns Gott weit weg und wir sind ihm fern gerückt. Wir stehen manchmal am Ufer und spähen hinüber. Ist da etwas auf der anderen Seite? Drüben, so sagt man, ist das Land des Friedens und der Gerechtigkeit, drüben ist das Paradies. Da wohnen Wolf und Lamm zusammen, da gibt es kein Leid und keinen Tod. Die Menschen erzählen seit Jahrhunderten davon. Manche, so sagt man, haben Botschaften empfangen vom anderen Ufer. Alte Wort werden weitergesagt: Das Volk, das im Finstern wandert, sieht ein großes Licht – oder: Uns ist ein Kind geboren, ein Sohn ist uns gegeben – und andere mehr. Manche sagen auch: Wenn Gott sich erhebt am anderen Ufer, wenn er sich zeigt in all seiner Macht und Majestät, dann ist das das Ende. Das würde niemand ertragen, das Wasser würde verdampfen und die Menschen würden vergehen vor dem Glanz und der Herrlichkeit. Wenn Gott übers Wasser käme, würde unsere Welt vergehen. Aber es tut sich nichts am anderen Ufer. So lange man auch Ausschau hält, es ist nichts ist zu erkennen. Es wäre schön, wenn ein Zeichen käme, ein Feuer vielleicht in der Ferne, dass man wüsste: Gott ist noch da, das andere Ufer ist nicht leer und verlassen. Manchmal treibt es uns ans Ufer, wenn wir uns einsam fühlen und traurig. Wenn wir nicht weiterwissen. Dann setzen wir uns auf einen Stein am Ufer und warten. Aber drüben liegt alles im Nebel.

Manche machen sich auf und versuchen hinüberzukommen. Mit einem alten Kahn, einem Ruderboot. Und laden all ihre Angst und Sorgen, all ihre Traurigkeit ins Boot und rudern und mühen sich. Wohin denn sonst mit all dem, womit wir nicht fertig werden? Wo kann man es abladen?

Aber das Wasser ist weit, Strömungen und Wind nicht günstig. Die Boote drehen sich, treiben hierhin und dorthin, am Ende kommen sie wieder zurück.

Und dann geschieht etwas. Etwas rührt sich im Nebel. Drüben legt ein Schiff ab. Schnurgerade hält es auf uns zu. Keine Strömung hindert es, kein Wind weht ihm entgegen. Die Liebe führt es, der Wind des Heiligen Geistes treibt es an. Das Segel ist die Liebe, der Heilig Geist der Mast.

Endlich, nach Jahrhunderten des Wartens. Das andere Ufer ist nicht leer, Gott hat etwas auf den Weg gebracht, das erwarten wir nun. Das Schiff geht still im Triebe, es trägt ein teure Last. Es liegt tief im Wasser, es ist schwer beladen. Was für Schätze mag es tragen? Eine Nachricht vielleicht, einen Brief, eine Nachricht von Gott. Einer, der alles erklären würde. Auch das lange Schweigen.

Aber vielleicht bringt es auch Geschenke mit. Weihnachtsgeschenke vom lieben Gott. Was könnte Gott uns wohl schenken? Unser Wunschzettel wäre lang. Das Glück sollte es sein, Gesundheit, Macht vielleicht – mit Gott auf unserer Seite kann man alles durchsetzen. Erfolgreich könnten wir werden, vom Glück begünstigt. Beschützt wären wir, nichts könnte uns passieren. Wir hätten immer die stärkste Macht hinter uns. Das müsste das Schiff alles mitbringen als Gottes Geschenk für uns..

Es könnte auch etwas anderes sein mit dem Schiff. Eine Strafexpedition Gottes. Grund gäbe es genug. Aber ist nicht das Segel die Liebe? Vielleicht aber die Liebe Gottes zu der geschundenen Kreatur, zu den ausgerotteten Tieren, zu den zerstörten Wäldern. Gottes Liebe zu den Getöteten, Gefolterten, in die Luft gesprengten, zu den hungernden Kindern. Es könnte sein, dass es ihm nun endgültig reicht mit uns. Mit den Menschen, die die Erde so schlecht verwalten. Die mit der Schöpfung so viel Schindluder treiben, die in immer neuen Kriegen Elend und Tod übereinander bringen. Es könnte sein, dass Gott es satt hat mit dir und mir, dass seine brennende Liebe Partei ergreift gegen uns und sein Gericht da übers Wasser fährt, um endlich Ordnung zu machen.

Dann ist es soweit: Der Anker haft' auf Erden, da ist das Schiff an Land. Weihnachten – der Tag der Landung. Und dann der entscheidende Augenblick: Was bringt das Schiff? Nicht unseren Wunschzettel, aber auch keine Strafexpedition. Ein kleines Kind. Ohnmächtig und schutzlos. Es bringt keine Macht, kein Geld, keinen Schutz. Im Gegenteil, es ist arm, es muss beschützt und behütet werden. Ist das alles? Dazu der Aufwand? Dazu ein großes Schiff? Dazu das ganze Weihnachten?

Ja, dazu. Was da geschieht, stellt unseren ganzen Wunschzettel in den Schatten. Denn das ist viel unglaublicher als alles, was man sich in stillen Stunden am Ufer hätte vorstellen können. Gott schickt keinen Brief, er schickt eine Botschaft in Fleisch und Blut: Das Wort will Fleisch uns werden, der Sohn ist uns gesandt. Seine Botschaft ist kein Brief, sondern eine Person. Das Schiff ist voll bepackt mit guter Nachricht, mit Freude, mit Sinn: Euch ist heute der Heiland geboren. Die beiden Ufer sind nicht länger getrennt. Sie kommen wieder zusammen. Ein Kind ist über das trennende Wasser gekommen. Gott sucht sich einen Platz hier am Menschenufer. Die gute Nachricht wird ausgeladen und verbreitet sich in Windeseile übers Land.

Das Schiff fährt nicht leer zurück. Es ist viel Platz in den Laderäumen. Bringt eure Sorgen, eure geheimen Ängste, bringt die Schuld, die euch belastet, die Fehler, die euch Leid tun, die Kränkungen, die euch im Magen liegen – ladet alles ein. Tragt die Lasten an Bord und schüttet sie in die Luken. Spürt, wie die Steine vom Herzen fallen. Und dann richtet euch auf, streckt den Rücken, seht den Himmel über euch und den Himmel um euch. Und stimmt ein in den Lobgesang, der nach langem Schweigen wieder über der Welt liegt: „Ehre sei Gott in der Höhe und Friede auf Erden den Menschen, die Gott liebt!“

2. Wo Gott wohnen will (Christnacht)

Hesekiel 37,24-28

Zu Weihnachten gehören die Kerzen. So viel Kerzenlicht in einer Stube gibt es sonst nie. Und es ist merkwürdig, wie sich das Zimmer dadurch verwandelt. Es ist ja das gleiche Wohnzimmer, es stehen immer noch die gleichen Möbel drin und wir sind immer noch die gleichen Leute. Und doch liegt ein Glanz über allem. Wir wissen auch: Die Kerzen sind irgendwann heruntergebrannt und das Licht der Lampen wird wieder eingeschaltet, aber im Vergleich erscheint es uns grell und unfreundlich. Das Zimmer bleibt dunkel und wird doch erhellt. Die Kerzen haben eine Wärme mitgebracht, die es sonst nicht gibt. Wir wünschten uns wohl, diese Wärme bliebe auch für die Zeit danach, für den Alltag. Aber es ist eine Wärme und ein Licht, das man nicht einfach herstellen kann. Weil es das Zeichen ist für ein anderes Licht, ein Licht, das nicht herunterbrennt oder ausgelöscht wird. Ein Licht, das von Gott selbst kommt, das Gott in unser Leben und in unsere Stube trägt.

Gott wird Mensch und will bei uns wohnen, darum geht es Weihnachten. Gott will bei uns wohnen - wie geht das? Wie macht er das? Vielleicht so:

Es klopft draußen. Die Nacht ist kalt und der Wind heult ums Haus. So spät noch die Tür aufmachen? Gott steht draußen und sagt: Ich will bei dir wohnen. Ich bin erschrocken und sage: Ja, ich weiß nicht, das kommt so plötzlich. Und Gott sagt: Kann ich bitte hereinkommen, es ist kalt draußen. Ja gut, sage ich, komm herein. Und wie er dann in meiner Stube sitzt, sage ich: Entschuldige, hast du dich vielleicht geirrt? Ich bin das nur. Und das hier ist doch kein Platz für dich. Ich kann dir nichts bieten, du wirst Besseres gewöhnt sein. Ich meine: Du wohnst doch im Himmel, allenfalls in einem Tempel, in einer Kirche, in einem Heiligtum. Aber doch nicht hier in meiner Stube.

Eben, sagt er, das ist wahr. Wo ich bin, ist der Himmel, wo ich bin, ist das Heiligtum. Jetzt ist hier der Himmel, jetzt ist hier das Heiligtum. In meiner Stube? sage ich, Und weiß nicht, ob ich stolz sein soll oder entsetzt. Hier ist doch nichts heilig. Hier ist mein Alltag, Tisch und Stühle, Sofa und Sessel, Bücher, eine Stehlampe - nicht Heiliges. Ich bin hier, sagt er, genügt das nicht? Hast du nicht gelesen: Für immer wird mein Heiligtum in ihrer Mitte sein. Und ebenso: Ich will bei ihnen wohnen und ihr Gott sein, und sie sollen mein Volk sein.

So ist das. Gott will bei uns wohnen. Kann er sich dafür nicht wenigstens eine standesgemäße Wohnung aussuchen? Ich glaube, darum wollten ihm Menschen auch immer Tempel bauen oder Kathedralen. Damit das Haus auch angemessen ist als Gotteshaus. Groß und prunkvoll und alles überragend. Aber kann es nicht auch sein, dass sie ihn bloß aus der Stube weghaben wollten, damit er ihnen nicht zu nahe kommt? Ihn wegloben sozusagen, ihn mit frommen Liedern und Sprüchen und Bauten immer höher und höher heben - immer weiter weg vom alltäglichen Leben?

Aber Gott spielt das Spiel nicht mit. Er lässt sich keinen Platz von uns anweisen irgendwo hoch oben oder weit weg.

Gott hat sich entschlossen, sich sein Dach über dem Kopf anderswo zu suchen. Er hat beschlossen, als Kind in die Welt zu kommen an einem sehr ungemütlichen Platz - einem Stall. Und da ist auch nichts heilig. Kein Altar und keine bunten Fenster. Gott kommt in diese Welt und die Menschheit hat ihm nichts zu bieten als einen Stall.

Gott kommt in diese Welt und scheint ganz fehl am Platz, ohne standesgemäße Umgebung. Er macht sich ganz klein und bedürftig, er braucht, was alle kleinen Kinder brauchen. Die Maler mochten es dann meist so nackt und bloß nicht lassen

und haben ihm wenigstens einen Heiligenschein umgehängt zum Trost. Aber es braucht ja vor allem Milch und Wärme und Windeln.
Der Stall ist der Ort, den Gott sich ausgesucht hat, das Heiligtum, der Himmel. Gott ganz unten. Welcher Ort auf der Welt könnte heiliger sein?
Eine merkwürdig Umkehrung aller Gottesvorstellungen. Immer hat man sich vorgestellt: Gott ist groß und allmächtig und im Himmel. Und hier begegnet uns Gott klein und bedürftig und mitten in unserem Alltag. Er braucht Wärme und Schutz und Hilfe. Und wo man ihn nicht einlässt, wo man ihm die Türen zuschlägt, da bleibt er draußen. So unfreundlich wird er empfangen, so wenig wird ihm geboten. Hält er es denn aus bei uns? Hält er es aus in meiner Stube? Es ist kaum zu glauben, er will bei mir bleiben.
Meine Mitmenschen halten es schon nicht immer mit mir aus - und ich selbst halte es auch nicht immer mit mir aus. Könnte Gott sich die Sache nicht einfacher machen, einmal im Jahr zu einer Stippvisite vorbeikommen, frohe Weihnachten wünschen und ein kleines Geschenk überreichen?
Er hat sich anders entschieden - heute wie damals. Auch die Geburt im Stall ist kein flüchtiger Besuch, er bleibt da, auch als es ernst wird. Er kommt mir ganz nahe - und das Wunder ist: Es ist ihm recht so. Ich bin ihm recht mit meiner Stube und meinen Macken und meiner ganzen Unleidlichkeit. *Ich will bei ihnen wohnen und ihr Gott sein, und sie sollen mein Volk sein.*
Als das Volk Israel damals diese Sätze hörte, waren sie ohne Zuhause und ohne Heimat, als Flüchtlinge verschleppt nach Babylon. Der Tempel war zerstört und abgebrannt. Und die Häuser daheim lagen in Trümmern. Gott will bei uns wohnen? Ja wo denn? Kein Tempel mehr, der alte Glaube ist zweifelhaft geworden, sie waren nicht mehr zuhause im Glauben der Väter und Mütter, auch innerlich heimatlos geworden. Vielleicht kennen wir das auch manchmal: Wir wären gerne noch im alten Glaubenshaus der Generationen vor uns. Da war man noch geborgen. Da konnte Gott wohnen. Aber hier und heute bei uns? In unseren Zweifeln, unserer Unsicherheit? Hier will Gott wohnen? Dem will er sich aussetzen? Er will. Meine Stube ist ihm

recht. Aber wo er ist, da ist die Stube nicht mehr dieselbe, wenn auch die gleichen Möbel noch drinstehen und die gleichen Menschen ein und aus gehen. Es ist in ein anderes Licht gerückt. Gott bleibt bei mir. Gott muss sich keine heiligen Orte aufsuchen, wo er bleiben kann. Er muss keine Tempel haben und keine Kathedralen. Es ist umgekehrt: Wo er ist, da wird die Welt heilig, da wird es Gottes Welt. Das Dunkle bleibt - und doch ist es in ein anderes Licht getaucht: Gott will im Dunkel wohnen und hat es doch erhellt.

3. Auf der richtigen Seite (Palmsonntag)

Matthäus 21, 1 - 9

Wer möchte nicht gern auf der Seite der Gewinner sein? Jeder sucht sich seinen Platz im Leben gerne, wenn er kann, auf der Seite der Erfolgreichen. Diese Kinder müssen auch ihren Platz im Leben finden. Wer würde ihnen nicht Erfolg wünschen? Umgekehrt: Wer unterstützt eine Sache, die er für erfolglos hält? Wer wird sich für etwas einsetzen, bei dem nichts zu gewinnen, nur zu verlieren ist?

Und wenn sich herausstellt, dass man sich geirrt hat? Dass die Sache, von der man sich so viel versprochen hat, nichts wird? Muss man dann nicht abspringen, solange es noch Zeit ist? Aussteigen, ehe man in den Abstieg hineingerissen wird?

So ist das damals mit Jesus auch gegangen. Als er da in Jerusalem einzog. Da schien er auf dem Gipfel seiner Karriere zu sein. Da hätte er alles haben können. Die Leute jubelten ihm zu. Seine Jünger waren stolz auf ihn. Er war beliebt. Die Leute hörten auf ihn, man erwartete große Dinge: Dass die Macht übernehmen würde, die Herrschaft des Hohen Rates mit seinen Priestern und Schriftgelehrten beenden und selbst die Römer aus dem Land jagen. Eine Revolution ohne gleichen.

Dann wird Jesus der große Mann sein. Seine Leute werden überall das Sagen haben, dann ist es gut, rechtzeitig auf seiner Seite zu sein. Besser ist besser, sagt der Vater zur Mutter. Unser Kind soll es mal gut haben. Hängen wir lieber die Fahne raus, rufen wir lieber hurra, treten wir rechtzeitig in die richtige Partei ein. Hack schon mal ein paar Palmzweige ab, sagt die Mutter zum Vater. Und sieh mal aus dem Fenster.

Die Leute legen alle Kleider und Teppiche auf die Straße. Ich hole den alten Mantel vom Boden, den legen wir dazu. Und wenn du dann eine Beförderung willst oder eine Lohnerhöhung, dann kannst du sagen: Wir haben schon ganz am Anfang mitgejubelt, Wir sind von der ersten Stunde an immer dabei gewesen. Und hör genau zu, was die Leute rufen: Hosianna dem Sohne Davids, gelobt sei der da kommt im Namen des Herren. Üb den Spruch schon mal mit den Kindern. Wenn er vorbei kommt, sollen sie besonders laut rufen und Palmzweige schwenken.
Besser ist besser, sagt der Vater zur Mutter. Unser Kind soll es mal gut haben Es soll auf der richtigen Seite stehen, auf der Seite des Erfolgs, des Aufstiegs, der besseren Chancen. Auf der Seite der Mächtigen.
Und dann kommt er. Man hört das Rufen schon von weitem. Wie es schallt und dröhnt in den Straßen der Stadt. Vater und Mutter lehnen sich aus dem Fenster, die Kinder stehen auf der Straße. Gleich muss der große Umzug um die Ecke kommen. Das Schreien wird lauter. Da, sie biegen um die Ecke. Vater und Mutter beugen sich weit vor. Da kommt er. Und zugleich verspüren sie einen leichten Stich der Enttäuschung. Kein vergoldeter Wagen, keine bewaffnete Eskorte, nicht mal ein Reitertrupp. Nur ein unscheinbarer, ärmlich gekleideter Mann auf einem Esel. Dazu ein paar ebenso ärmliche Männer und eine Gruppe Frauen. Am Schluss des Zuges eine Schar Kinder, die immer wieder ihre Palmzweige schwenken und mit krähenden Stimmen Hosianna schreien. Der Vater sieht die Mutter einen Augenblick zweifelnd an. Sollte das wirklich der sein, auf den sie gewartet hatten? Aber die anderen Leute rufen und winken alle. Der Vater gibt sich einen Ruck. »Hosianna« ruft er probeweise. Dann räuspert er sich und noch einmal: »Hosianna!« Die Mutter winkt den Kindern zu, sie sollten mit Rufen anfangen . Und „Hosianna" schallt es von den Kinderstimmen.
Am nächsten Tag warten sie ungeduldig auf Nachrichten. Einige schon etwas verwelkte Palmzweige hängen noch am Haus. Im Tempel hat es einen Zusammenstoß gegeben. Dieser Jesus hat da ziemlich aufgeräumt. Er hat die vielen Stände mit Opfertieren, die Geldwechsler und Andenkenläden für Gotteslästerung

erklärt. „Mein Haus soll ein Bethaus sein, ihr aber habt es zu einer Mördergrube gemacht" hat er aus dem Alten Testament zitiert und dann hat er all die Händler und Geldwechsler und Budenbesitzer aus dem Tempel gejagt. Der Bruder der Frau, der einen Andenkenstand im Tempel hatte, konnte davon erzählen.

Der Bruder hatte gut verdient an seinem Laden und dem Ehepaar sogar manchmal finanziell etwas unter die Arme gegriffen. Der Vater fand das alles bedenklich. Dieser Jesus förderte das Wirtschaftswachstum und das einheimische Gewerbe anscheinend nicht besonders. Am Tage darauf munkelte man, die Lage wende sich immer mehr gegen Jesus. Er hätte durch sein unbegreifliches Zögern und seine Zurückhaltung alle Chancen, die Macht zu übernehmen, verpasst. Abends sagt die Mutter kurz angebunden zum Vater: »Nimm die vertrockneten Palmzweige runter. Die Nachbarn gucken schon.« Der Vater klettert auf die Leiter. Dann fängt er in kleines Gespräch mit seinen Nachbarn an. Und redet eine Weile vom Wetter und lässt dann einfließen, er habe von diesem Jesus von Anfang an nichts gehalten. Ein Unruhestifter, weiter nichts. Die Nachbarn sehen ihn etwas sonderbar an, sagen aber nichts weiter. Am nächsten Tag hört man, Jesus sei verhaftet worden und man habe ihm den Prozess gemacht. Jetzt müsse nur noch der römische Stadthalter Pontius Pilatus über ihn entscheiden. Viele Leute sind auf den Platz vor dem Palast zusammengekommen. Vater und Mutter gehen auch hin. Man muss ja schließlich wissen, was da los ist. Der Stadthalter sitzt auf einer hohen Terrasse über dem Platz. Gerade wird Jesus nach draußen geführt. Eine einsame, armselige Figur. Gefesselt, von Soldaten bewacht. Was soll ich mit ihm machen? fragt Pilatus. Da fangen einige in der Menge an zu schreien: »Kreuzige!« Und immer mehr. Dem Vater wird es unbehaglich. Er sieht sich um. Einige von den Nachbarn sind auch da. Das Geschrei ist lauter geworden. Der Vater räuspert sich. »Kreuzige« sagt er probeweise. Er siehst sich verstohlen um. Die Nachbarn schreien aus vollem Hals. Die Mutter stößt ihn an. »Kreuzige« sagt der Vater lauter. Und dann schreit er wie die anderen: »Kreuzige, kreuzige«.

Er hat sich verkalkuliert. Er hatte, wie man so sagt, aufs falsche Pferd gesetzt. Er ist gerade noch rechtzeitig abgesprungen. Er hat sich auf die Seite der Gewinner geschlagen. Die Mächtigen da oben sind immer die Gewinner. Die die Macht haben zu töten. Die den anderen fertig machen, verdrängen, niederdrücken können, sind die Gewinner. Das war schon immer so, seit Anbeginn der Welt. Seit Kain und Abel. Seit zum ersten Mal ein Bruder seinen Bruder erschlagen hat. Kain ist der Gewinner, denn Abel ist tot und hat verloren. Der, der schneller zuschlagen, rücksichtsloser vorgehen, gewissenloser seine Vorteile ausnutzen kann, ist der Gewinner. Die Friedfertigen, Sanftmütigen, Barmherzigen bleiben auf der Strecke, die ewigen Abels, die nie auf einen grünen Zweig kommen.

Sind Christen Vertreter einer von vornherein verlorenen Sache? Ist es nicht so, dass die Starken und Erfolgreichen nicht Christ zu sein brauchen? Dass nur die Schwachen und Kranken und Alten sich zum christlichen Glauben halten, weil sie sonst nirgendwo mehr ankommen?

Auf welcher Seite stehen wir? Tun wir uns einen Gefallen, wenn wir unser Leben anbinden an die Geschichte dieses Jesus? Wenn wir zur Kirche gehen? Unsere Kinder taufen und konfirmieren lassen?. Was haben wir davon? Vorteile gewiss nicht. Wer darauf aus ist, sich oder seinem Kind Vorteile fürs Leben zu sichern, sollte sich das sehr überlegen. Dieser Jesus passt nicht zu den Vorteilen, die man sich in dieser Welt versprechen kann. Wer um des Vorteils willen Hosianna sagt, möge sich hüten, dass er nicht morgen beim „kreuzige" landet.

Wir halten uns zu Jesus nicht um eines Vorteils willen, sondern auf eine große Hoffnung hin. Dass der Verlierer Jesus am Ende lebt und die Mächtigen ihn nicht unterkriegen. Dass mit ihm eine neue Geschichte anfängt, bei der die Zukunft nicht von den Rücksichtslosen und Mördern bestimmt wird, sondern von den Friedfertigen und Barmherzigen. Wir möchten hineingenommen werden in den Glauben und die Liebe, die von Jesus ausgehen. Leichter macht uns das das Leben nicht. Aber es gibt dem Leben einen Sinn und einen weiten Horizont. Gott schenkt uns nicht irgendwelche Vorteile, er schenkt seine Liebe. Davon leben wir.

Und seine Liebe hält durch. Er hält zu uns, wie oft wir ihn auch verleugnen. Er sagt nicht heute »Hosianna« und morgen »kreuzige« zu uns. Er ist den Menschen treu, lieber lässt er sich umbringen, als dass er uns verrät. Er hätte ja weglaufen können, er hätte sich herausreden können. Er hätte alles zurücknehmen können, die Worte der Hoffnung und der Liebe. Aber er gibt sein Leben dran, damit wir Hoffnung haben - und wissen: Gott ist auf unserer Seite. Nichts kann ihn von uns abbringen.

4. Dein Platz am Tisch (Gründonnerstag)

1.Korinther 11,23-26

In der Andreaskirche in Hildesheim hängt eine ganz besondere Abendmahlsdarstellung. Wenn man in die Kirche kommt, sieht man eine große Bronzeplastik wie ein Rad über dem Altar hängen. Kommt man näher, dann sieht man: es ist ein kreisförmiger Tisch, an dem rundum Stühle stehen. Und auf diesen Stühlen sitzen Jesus und die Jünger beim Abendmahl. Jesus der Gemeinde gegenüber, so dass er sie ansieht. Aber seltsam: Es ist da ein Stuhl zu viel. Dreizehn Stühle stehen um den Tisch - und der zur Gemeinde gekehrte Stuhl ist leer. Die Botschaft ist deutlich: Wer hier zum Abendmahl geht, kann sich in Gedanken auf diesen leeren Stuhl setzen und ist mit einbezogen in die Tischgemeinschaft von damals.

Dieser leere Stuhl ist wie eine Einladung: Komm, setz dich, erlebe alles mit, sitz mit am festlich gedeckten Tisch neben Matthäus oder Jakobus oder Andreas. Sieh, was da vor sich geht. Spür die Stimmung, die da über der Runde liegt, die Angst, die Unruhe, die Verzweiflung. Was waren das für turbulente Tage! Der Einzug in Jerusalem, die jubelnden Menschenscharen, die Hochstimmung, die alle mittrug. Das war ein Augenblick! Die Erfüllung aller Sehnsüchte und Hoffnungen. Da wussten sie: Sie hatten recht, sie hatten auf den Richtigen gesetzt. Jetzt war es nur noch ein kleiner Schritt: Die Römer wegfegen, den jämmerlichen Hohen Rat stürzen, die Macht übernehmen. Dann würde er sein Reich aufrichten und Herr über alles sein. Dann würde das Reich Gottes beginnen. Soviel Glück, soviel Hoffnung!

Und dann zerbröckelte alles. Jesus ergreift die Chance nicht, er nutzt nicht die Gunst des Augenblicks. Er hätte einen Augenblick alles haben können - und er tut, als wollte er alles nicht. Da macht sich das bittere Gefühl der Niederlage breit. Alles verloren. Der Trend kehrt sich um. Der Wind bläst gegen sie. Der Jubel ist verklungen, die Feinde gewinnen an Boden. Als sie am Tisch sitzen, liegt die Hoffnung in Scherben und Angst macht sich breit.

Setz dich dazu, erlebe es mit, bring deine zerbrochenen Hoffnungen mit, deine Enttäuschungen, deine Angst vor der Zukunft. Spür die Lähmung, die über allem liegt. Wie sie sich alle ducken in Erwartung des Schlages, der bald fallen wird. Das Verhängnis kommt, nichts kann es aufhalten.

Da wird noch einmal das uralte Fest gefeiert, Passah. Und man denkt an die Befreiung damals vor langer Zeit. Wie Gott sein Volk aus der Sklaverei in Ägypten befreit hat und in ein neues Land geführt. Damals in Ägypten war sie alle genauso hoffnungslos, genauso gelähmt vor Verzweiflung. Und als sie keinen Ausweg mehr sahen, hatte Gott ihnen Mose geschickt und das Unmögliche wahr gemacht. Er hat einen Bund mit dem Volk gemacht, er war ihr Verbündeter geworden gegen alle Not und Sorge. Gott und Mensch Seite an Seite in die Zukunft, in das neue Land.

Seitdem wird die Geschichte erzählt und am Passahfest gefeiert. Man erinnert sich noch einmal, ja mehr noch, man versetzt sich noch einmal in die Lage von damals, erlebt nach, wie das war - Not und Befreiung. So wird Passah bis heute gefeiert in jüdischen Familien. Besonders der Abend ist wichtig. Da ist der Tisch reich gedeckt. Die Auswahl der Speisen ist lange vorgeschrieben, jede hat ihre besondere Bedeutung. Alles erinnert an die Ereignisse damals, an Not und an Rettung. In festlicher Runde wird in Frage und Antwort noch einmal entfaltet, was da geschehen ist - und die Freude über Gottes Eingreifen zur Rettung des Volkes liegt über der Feier.

So erzählen und feiern auch die Jünger. Aber über allem liegt die Traurigkeit. Es liegt der Schatten des Todes über diesem Abend. Das letzte Passahfest, dann ist alles zu Ende. Er wird sterben, und wenn er tot ist - wie soll man dann noch Passah feiern?

Wird ihnen der letzte Abend nicht immer bitter auf der Seele liegen, wird ihnen nicht das Brot im Hals stecken bleiben von nun an? Wenn er stirbt, kann es auch kein Passah mehr geben, dann ist alles zerbrochen zwischen ihnen und Gott hat sich für immer abgewandt.

Wenn doch Gott noch einmal die große Wendung brächte wie damals. Wenn er noch einmal Angst und Verzweiflung wenden könnte, wenn sich ein Weg auftäte, wo keiner zu sehen war. Wenn Gott doch noch einmal in die Freiheit führen würde!

Und dann kommt die feierliche Festliturgie. Aber was ist das? Jesus weicht vom Text ab - von dem Jahrhunderte lang geheiligten alten Text. Sie konnten die alten Worte wohl auswendig, Jahr um Jahr hatten sie Passah gefeiert und den Text mitgedacht und mitgesprochen. Und dann plötzlich geht es anders weiter als erwartet. Setz dich dazu, spür die Verwirrung, das Staunen. Hörst du, was Jesus sagt? Langsam tauchen sie auf aus ihrer Traurigkeit, horchen, trauen ihren Ohren nicht.

Was geht da vor? „Das ist mein Leib" sagt Jesus. Und er nimmt das Brot und bricht es. Ja, so wird es sein, so wird er gebrochen, zerstört, vernichtet. So wird er sterben. In dieser einen Geste steht ihnen die ganze Zukunft vor Augen. Sie haben es schon geahnt, jetzt macht Jesus es ihnen deutlich: So wird es kommen. Und dann nimmt er die Stücke und verteilt sie und gibt ihnen zu essen. Setzt dich dazu, nimm das Brot und iss. Schmeck es auf der Zunge, das Passah-Brot, den Brocken, der dir zufällt. Und spür, wie sich da etwas Neues auftut, wie sich die Dinge wenden. Was tut er? Er gibt sich selbst, er teilt sich aus. Und sie essen, sie nehmen ihn in sich auf. Er in ihnen. Sie tragen ihn in sich, er ist bei ihnen. Das ist ein Abschied - und zugleich ein neuer Anfang.

Und den Becher reicht er ihnen. „Dieser Kelch ist der neue Bund in meinem Blut" sagt er und lässt sie trinken.

Setz dich dazu, trink auch und hör die Worte. Ein neuer Bund. Ein Bund, der den alten des Mose noch überbietet. Gott hat uns nicht verlassen, er geht nur einen Weg mit uns, den wir noch nicht verstehen. Der Weg muss erst in den Tod hinein führen

und dann hindurch und wieder heraus. So wird der Bund besiegelt. Jesus geht den Weg voran. Aber es soll auch unser Weg werden.
Die Taufe wird ihn zeigen und abbilden: Untertauchen im Wasser ist wie Sterben - und auftauchen aus dem Wasser als neuer Mensch, das ist Leben. Mit Jesus sterben und mit Jesus leben.
Setz dich dazu, spür die Veränderung, wie die Hoffnung wächst, wie die Augen wieder klar werden und der Mund bereit zum Lobgesang, zu den Psalmen, die zum Fest gehören.
Gottes Reich kommt, es kommt nur anders als gedacht. Anders als sie beim Einzug in die Stadt vor ein paar Tagen geträumt hatten. Keine Machtübernahme, kein Umsturz und keine Revolution. Die Großmachtträume waren nur Irrtum und Wahn. So kommt Gott nicht. Schon das Bild beim Einzug stimmt nicht. Keine Waffen, keine Soldaten. Er kommt nicht hoch zu Ross, sondern auf einem Esel. Er stürzt sich nicht auf seine Feinde. Er kommt anders, nicht als Diktator, sondern als Bruder. Er teilt unser Leid. Nur so kann die Welt anders werden.
„Das tut, sooft ihr daraus trinkt, zu meinem Gedächtnis" - sagt Jesus. Sie werden wieder feiern können, das Brot wird ihnen nicht vor Kummer im Hals stecken bleiben. Sie werden wieder feiern können, und die nach ihnen kommen, werden es auch tun, - eine Kette der Freude rund um die Welt und quer durch die Zeit. Immer wieder wird der letzte Abend vergegenwärtigt, wird die Geschichte erzählt. Das Brot wird verteilt und aus dem Kelch getrunken. Er ist dann bei uns.
In dieser Kette steht auch der Brief, aus dem der Predigttext stammt. Paulus hat ihn an die Gemeinde in Korinth in Griechenland geschrieben. Er hat die Gemeinde seinerzeit gegründet und hält nun durch Briefe Kontakt mit ihr. Und seinerzeit hat er auch Abendmahl mit der Gemeinde gefeiert und ihnen dabei den Abendmahlsbericht nahegebracht. Sie haben diese Worte gelernt, er hat sie ihnen übergeben wie ein kostbares Gut. Er schreibt: „Denn ich habe von dem Herrn empfangen, was ich euch weitergegeben habe", nämlich diesen Abendmahlsbericht. Inzwischen ist dort Streit entstanden beim Abendmahl und auch Paulus ist in den Streit hineingezogen. Jetzt

ruft er der Gemeinde noch einmal die schlichten Worte in Erinnerung, damit sie begreifen, worum es geht: Nicht, dass sie sich über das Abendmahl streiten, sondern dass sie eins sind am Tisch und verbunden mit Christus und untereinander. Mit dem Abendmahl ist ihnen ein kostbares Gut anvertraut, damit muss man sorgsam umgehen und es weitergeben an die nächste Generation.

Auch heute gibt immer noch Streit um das Abendmahl und die Einheit aller Christen am Tisch des Herrn ist noch weit in die Ferne gerückt. Immer noch können nicht alle, die sich im Glauben verbunden wissen, gemeinsam zum Abendmahl gehen.

Es gibt immer noch trennende Unterschiede in den Abendmahlslehren.

Dabei ist das Abendmahl etwas ganz Einfaches. Christus ist bei uns und in uns. Es ist nicht nötig, sich komplizierte Theorien auszudenken, wie das geht und wie Gott das macht. Die Bronzeplastik in der Andreaskirche versteht man auch nicht dadurch, dass man sie ausmisst und ihren Umfang berechnet und das Material chemisch analysiert. Man versteht sie auch nicht dadurch, dass man sie kunstgeschichtlich einordnet und bewertet.

Man versteht sie nur, indem man sich in Gedanken auf den freien Platz setzt. Das ist der Blickwinkel, aus dem das Abendmahl auf einmal ganz einfach wird. Die Worte und die Handlung erklären sich gegenseitig. Auf einmal sind wir hineingenommen in die Tischgemeinschaft von damals. Und die gleiche Hoffnung, die damals aus der Feier erwachsen ist, trägt auch uns. Und darum heißt es auch heute wieder: Kommt, es ist alles bereit.

5. Überschriften (Karfreitag)

Johannes 19,16-30

Auf dem Kreuz eine Überschrift. So war das damals üblich. Da wurde am Kreuz eine Tafel angebracht, darauf stand, warum dieser Mensch sterben musste. So auch bei Jesus. Was soll man auf diese Tafel schreiben? Ich weiß nicht, ob Pilatus lange nachgedacht hat, bevor er den Befehl gab. „Jesus von Nazareth, König der Juden" ließ er schreiben. Iesus Nazarenus Rex Iudeorum. Abgekürzt: INRI, so wie wir es

über vielen Kreuzen lesen.
Aber stimmt das denn? Jesus hat nie in Jerusalem geherrscht und nie ein Schloss und einen Hof gehabt. Er ist nicht in Samt und Seide gegangen wie die Könige. „König der Juden“ das war die Beschuldigung, mit der Jesus vor das Gericht der Römer gebracht wurde. Etwas mussten ihm seine Feinde ja vorwerfen können, etwas, das auch den römischen Statthalter Pilatus überzeugte und ihn dazu brachte, Jesus zu verurteilen.
Was hätten sie sonst sagen sollen? Wie sollte die Anklage lauten? Vielleicht: „Er lehrt die Liebe zu den Menschen, ja sogar zu den Feinden. Das hat uns geärgert“. Oder: „Er heilt Kranke, auch an Tagen, wo wir das für verboten halten“. Oder: „Er hat Menschen ihre Schuld vergeben, während wir sie darauf festnageln wollten“. Oder: „Er hat den Menschen die Freiheit der Kinder Gottes gezeigt, während wir Gott in Vorschriften einfangen wollten.“
Sie brauchten einen Grund, um Jesus verurteilen zu lassen. Einen, der auch Pilatus überzeugte.
Pilatus hätte sonst den Kopf geschüttelt über solche Anklagen und gesagt: „Deswegen verurteilt man doch niemanden.“ Also mussten die Feinde eine andere Anklage fabrizieren, eine, die auch die Römer beeindruckt. Sie haben also gesagt: Er will sich zum König machen! Er plant einen Umsturz, eine Revolution. Und das war schon etwas anderes. Da waren die Römer sehr empfindlich. Da konnte Pilatus nicht untätig bleiben, auch wenn er selbst an der Anklage seine Zweifel hatte. Und nun steht es über dem Kreuz als Grund der Hinrichtung: **König der Juden**.
Das ist den Feinden auch nicht recht. Das soll Pilatus nicht schreiben. Denn damit wäre ja anerkannt, dass er wirklich König der Juden war. Sondern nur: Er hat gesagt, er wäre der König der Juden. Aber Pilatus lässt es stehen. Ein Zeichen seiner eigenen Zweifel - oder will er die Ankläger ärgern? Die Christen später fanden die Aufschrift denn doch nicht ganz falsch. Etwas von einem König hatte er ja doch an sich, nur in einem anderen Reich. Im Reich Gottes, wo ein König nicht an seinem Prunk und seiner Militärmacht erkannt wird, sondern an Gerechtigkeit und Güte und Sorge für

die Seinen. Aber vieldeutig blieb es. Für sich genommen sagt es nichts über Jesus aus. Es verwirrt eher.

Was könnte man sonst über das Kreuz schreiben? Wie soll man das in einem Satz sagen? Welche Überschrift über das Kreuz wäre passend und so eindeutig, dass jeder wüsste, wer da dargestellt ist? Die Christen haben immer wieder solche Überschriften gefunden, Worte, in denen sie zusammenfassen wollten, was Jesus bedeutet. „Sohn Gottes" haben sie geschrieben - oder „Heiland" oder „Retter der Welt" oder andere Titel. Hätte das jemandem geholfen? Hätten damit Leute, die noch nie von Jesus gehört hatten, etwas von ihm verstanden?

Wer nichts von Jesus weiß, was sieht der? Einen sterbenden Menschen, am Kreuz hingerichtet. So erlebten es die Zuschauer. „Sterbender Mensch" hätten sie über das Kreuz schreiben können. So stirbt einer, und so müsst ihr alle sterben. Vielleicht nicht so grausam, nicht so schrecklich wie hier. Ein armseliger, gescheiterter Mensch, von aller Welt verlassen. Ein Denkmal für das Leiden der Menschen. Und das wäre ja schon einmal etwas. Sonst setzt man den Siegern Denkmäler, stellt ihre Standbilder auf. Darauf steht dann, wie viel Schlachten einer gewonnen hat. Die Zahl der Opfer steht nicht drauf. Hier einmal das Bild eines Leidenden. Einer, der keine Menschen geopfert hat für seine Ziele. Im Gegenteil, einer, der sich zum Opfer hat machen lassen. Aber das kann man diesem Bild alles nicht ansehen. Dass uns dieser Mensch, sein Leben und sein Sterben, etwas bedeutet. Und diese Bedeutung muss irgendwie in Worte gefasst werden. Und dazu wäre eine Überschrift gut, eine, die alles erklären und deuten könnte.

Eigentlich müsste jeder seine eigene Überschrift finden. Was würde ich über das Kreuz schreiben? Was bedeutet mir Jesus? Die Christen haben damals auch schon nach Worten gesucht in ihrer Bibel, im Alten Testament. Denn wenn im Alten Testament vom Weg und Willen Gottes die Rede ist, muss sich doch dort auch etwas über dieses Rätsel finden: Das Rätsel, wie einer, der Gott ganz nahe ist, am Kreuz sterben kann. Wo doch sonst nur Verbrecher am Kreuz sterben, unter dem Fluch des Gesetzes. Wie kann das gehen? Und da haben sie Jesaja 53 gelesen: *In Wahrheit aber hat er die Krankheiten auf sich genommen, die für uns bestimmt waren, und die Schmerzen erlitten, die wir verdient hatten. Wir meinten, Gott habe ihn gestraft und geschlagen. Aber wegen unserer Schuld wurde er verwundet und wegen unseres Ungehorsams geschlagen. Die Strafe für unsere Schuld traf ihn, und wir sind gerettet. Er wurde verwundet, und wir sind heil geworden.*

Das Bild eines leidenden Menschen. Einer, der unter Schmerzen stirbt. Was bedeutet uns das? Das ist eine sehr persönliche Frage. Wir würden vielleicht gerne Abstand halten von diesem Geschehen und sagen: Traurige Geschichte - aber was geht es uns an? Und so lange versteht man nichts von all dem.

So geht es oft zu in der Welt, da leidet einer - und alle sagen: Was geht es mich an? Niemand will an etwas schuld sein. Die Welt ist traurig, die Welt ist schlecht - aber ich kann nichts dafür. Es gibt Streit, es gibt Hass, es gibt Ungerechtigkeit, aber ich kann nichts dafür. Menschen hungern, Menschen werden getötet im Krieg - und ich kann nichts dafür. Ja, wer denn? Und alle schütteln den Kopf und sagen: Ich auch nicht, ich bin unschuldig. Und wenn Krieg ist, sehen wir die Bilder der Toten und Verletzten. Wir sehen das Leid und den Schmerz. Und wir sehen auf beiden Seiten die Waffen und die Menschen, die diese Waffen bedienen. Und die sagen alle: Wir sind unschuldig. Der Präsident der USA betet und sagt: Er hat keine Schuld, nur die anderen. Und Saddam Hussein hat wohl auch gebetet, sich jedenfalls sehr fromm gezeigt in seiner letzten Zeit. Traurige Sache, dies Leid, aber wir haben keine Schuld. So sagen sie alle. So ist die Welt anscheinend voller Unschuldiger und niemand weiß, wo all dies Elend und Leid nun herkommen. Dann muss es wohl Gott sein, sonst bleibt ja niemand übrig. Alle Menschen waschen sich rein wie Pilatus. Und am Ende wird alles auf Gott geschoben. Und Jesus, der einzig wirklich Unschuldige, wird zum Opfer gemacht. Er nimmt alles auf sich. Er redet sich nicht heraus. Er schweigt an der entscheidenden Stelle. Und auch am Kreuz redet er nicht viel. So kann man sein Kreuz nicht ohne Erschrecken und nicht ohne Beschämung betrachten. Und nur so könnte man auch die eigene Kreuzesüberschrift schreiben. Zu sagen, was er mir bedeutet. Zu sagen, wo ich schuld bin und wo ich versagt habe. Wo ich

Verantwortung abschiebe und verdränge. Und wie seine Liebe trotzdem für mich da ist.

6. Von Gott verlassen? (Karfreitag)

Matthäus 27, 33 - 50

Mein Gott, warum hast du mich verlassen? Sagt Jesus. Das ist ein erschreckender Satz. Mich erschreckt er jedenfalls. Ich möchte doch glauben und hoffen, dass nie ein Mensch von Gott verlassen ist. Und so sagen wir es auch: bei der Taufe etwa. Wir vertrauen ein Kind der Liebe Gottes an, damit es nie verlassen ist. Deswegen legen wir dem Kind die Hand auf und machen eben gerade das Zeichen des Kreuzes. Und jetzt ist das Kreuz Zeichen der Gottverlassenheit.

Wenn denn schon Jesus, der in allem den Willen Gottes getan hat, gottverlassen sein kann – wie viel mehr erst wir.

Man kann sich das zurechtlegen wie man will. Manche sagen: Er war in Wirklichkeit gar nicht von Gott verlassen. Es schien ihm nur so in dieser letzten Stunde. Er konnte nur die Gegenwart Gottes nicht wahrnehmen. Er war in seinem Schmerz blind dafür. Und so könnte das bei uns ja manchmal auch sein: dass wir in einem tiefen Schmerz , in Enttäuschung oder Verzweiflung meinen, von Gott verlassen zu sein - und sind doch nur blind für seine Gegenwart.

War dieses letzte Wort Jesu am Kreuz ein Irrtum? Dann hätte sein Gottvertrauen, das ihn doch sein Leben lang begleitet hat, ihn in dieser Stunde im Stich gelassen. Dann hätte er in seinem letzten Augenblick gezweifelt und Gott, der doch bei ihm war, nicht mehr erkannt.

Andere sagen: Dieser Satz steht ja schon im alten Testament. So fängt der 22. Psalm an: *Mein Gott, mein Gott, warum hast du mich verlassen? Ich schreie, aber meine Hilfe ist ferne. Mein Gott, des Tages rufe ich, doch du antwortest nicht, und des Nachts, doch ich finde keine Ruhe.*

So hat es Jesus schon in seiner Bibel gelesen und gelernt und konnte den Psalm auswendig. Und zwar den ganzen Psalm, auch das, was weiter hinten steht: Rühmet

den HERRN, denn er hat nicht verachtet noch verschmäht das Elend des Armen und sein Antlitz vor ihm nicht verborgen; und als er zu ihm schrie, hörte er's.
Dann wäre dieses letzte Wort gerade ein Ausdruck des Gottvertrauens, nur dass Jesus nicht den ganzen Psalm sprechen konnte und nur die ersten Worte sagte, die aber den Sinn gar nicht richtig wiedergeben.
So hätte Jesus doch Gott vertraut und hätte ja schließlich auch von seiner Auferstehung schon gewusst und den Jüngern davon gesprochen. Dann wäre dieser Tod am Kreuz nur eine Zwischenstation auf dem Weg zur Auferstehung und alles nicht so ernst. Und dieses „Mein Gott, warum hast du mich verlassen" eben auch nicht ganz ernst gemeint.
Es gab sogar manche, die meinten, Jesus könnte diesen letzten Satz nicht gesagt haben. Der passt so wenig zu ihm. Einer, der Gott so vertraut hat wie Jesus, der müsste doch einen besseren und erbaulicheren Schluss-Satz gesagt haben als diesen. Und so hat der Evangelist Lukas diesen Satz gestrichen und dafür einen, der ihm passender schien, aufgeschrieben: „Vater, in deine Hände befehle ich meinen Geist." Das ist so, wie wir uns das wünschen und vorstellen. Gottvertrauen bis zuletzt. Und für die Christen auch tröstlicher und nachahmenswerter. So sollen auch sie in ihrer letzten Stunde sagen: Vater in deine Hände befehle ich meinen Geist. Und nicht dieses zweifelhafte „mein Gott, warum hast du mich verlassen". Ich glaube, der Wunsch des Lukas war: Jesus möge für uns Vorbild sein bis zu letzt. So wie er sagt, sollen auch wir sagen. So voll Gottvertrauen sollen auch wir dem Tod entgegengehen.
Aber wenn der beunruhigende Bericht des Matthäus doch die letzten Worte wiedergibt? Dann wäre Jesus auch das Schlimmste nicht erspart geblieben. Er hätte auf sich genommen, was niemand von uns auf sich nehmen muss: Ganz allein zu sein. Verlassen von den Menschen und von Gott. Wie die Menschen ihn verlassen haben, ist vorher erzählt. Die Jünger sind alle weggelaufen. Jetzt am Kreuz sind da nur zwei Räuber, die mit ihm sterben. Und um ihn herum stehen seine Feinde, die Hohenpriester und Schriftgelehrten, die sich die Stunde ihres Triumphs nicht

entgehen lassen wollen. So lange haben sie gegen ihn Pläne gemacht und Anschläge ausgeheckt - und jetzt haben sie ihn. Die Verlassenheit zeigt sich auch noch darin, dass sein letzter Schrei missverstanden wird. Sie hören ihn schreien „Eli, Eli, lama asabtani! und sagen: Er ruft den Elia. Niemand versteht ihn, niemand steht ihm bei. Nun dreht sich auch Gott weg und schweigt. Jesus ist in die Tiefen des menschlichen Lebens hinabgestiegen. Er hat Schmerzen und Schläge und Hass und Spott erduldet. Jetzt steigt er noch tiefer. Es ist ein dunkler Abgrund. Nicht der Tod, das ist nicht das schlimmste. Es hat immer Menschen gegeben, die für eine gute Sache heldenhaft gestorben sind, für ihre Überzeugung - oder um andere zu retten. Sie sind gestorben und wussten doch: es ist ein Sinn in ihrem Tod. Sie sterben nicht vergeblich.

So ein Held ist Jesus nicht, obwohl man ihn später manchmal dazu hat machen wollen.

Sein Schmerz ist echt, und auch die Verzweiflung ist echt. So ist er wirklich einer von uns. Und zugleich ist er viel weiter gegangen, als jemand von uns gehen muss.

In manchen Lebenssituationen spüren wir, dass es tief unter unserem Leben einen schwarzen Abgrund geben könnte. Und ein Unglück, eine Krankheit, ein Schicksalsschlag könnte uns eines Tages da hinein stürzen lassen. In eine Verzweiflung, die so tief wäre, dass kein Licht mehr hineindringt. Der schlimmste Abgrund: Dass alles sinnlos ist. Dass auch Gott dort nicht mehr ist. So tief ist Jesus auch gestürzt und sein Ruf ist ein Ruf aus der Tiefe: Mein Gott, mein Gott, warum hast du mich verlassen.

Andererseits wissen wir nun: Kein Abgrund ist so tief, dass Jesus nicht schon dort gewesen wäre. Kein Schicksal so schwer, kein Schmerz so schlimm, dass Jesus ihn nicht schon erfahren hätte. Er ist auch in den tiefsten Tiefen. Er hat diese Gottverlassenheit auf sich genommen, damit niemand mehr gottverlassen sein muss. So ist dieser Augenblick der Verzweiflung bei Jesus zugleich unsere Hoffnung. Und wenn wir einmal in einer schweren Stunde sagen möchten: Mein Gott, mein Gott, warum hast du mich verlassen - dann wird er uns antworten: Es gibt keine Tiefe, in der ich nicht wäre. Sei getrost und halte dich an mir fest.

7. Eine Tür ins Leben (Ostern)

Markus 16, 1 - 8

Die Frauen mögen wohl gefroren haben auf dem Weg zum Grab. Es ist kalt geworden in der Welt. Nicht nur wegen der kühlen Nacht wie sonst. Die ganze Welt ist kalt. Jesus ist tot. Das Feuer in ihm ist verloschen. Die Wärme, die von ihm ausgegangen ist, verschwunden. Und diese Wärme, dies Feuer haben sie oft verspürt. Hier ist etwas in die Welt gekommen - eine große Liebe. So sehr hat Gott die Welt geliebt, dass er seinen einzigen Sohn gab, damit alle, die an ihn glauben, nicht verloren gehen.

Und jetzt ist er tot - und darum sind alle, die an ihn geglaubt haben, verloren.

Wer Jesus begegnet ist, hat etwas von der Liebe Gottes erfahren. Die Armen haben es erlebt, als er ihnen die Hoffnung wiedergab. Die Kranken haben es erlebt, als er ihnen ein neues, unversehrtes Leben schenkte. Die Ausgestoßenen haben es erfahren, als er ihnen Achtung und Zuwendung zeigte.

Da war Licht und Wärme von ihm ausgegangen. Licht und Wärme, die nicht von ihm selbst kamen, sondern durch ihn hindurch leuchteten. Und in ihm leuchtete Gott selbst, die Quelle aller Liebe, das Herz der Welt.

Unter dieser Wärme schmolz alles dahin, was das Leben hart und hässlich machte, aller Hass, aller Neid, alle Selbstsucht. Das schmolz weg und dahinter kamen neue Menschen hervor, Menschen, wie Gott sie geschaffen hat, wie Gott sie immer wollte. Diese Wärme floss hinein in die Leere und Sinnlosigkeit, durch die Menschen sich nutzlos und wertlos fühlen. Und Menschen atmeten wieder auf, konnten Liebe annehmen und geben, hilfreich und gut sein.

Und nun ist Jesus tot. Gottes Liebe ist ermordet worden. Die Quelle aller Wärme und allen Lichtes ist dahin. Das ist, als wäre die Sonne auf einmal ausgegangen. Nun steht der Welt eine neue Eiszeit bevor, eine Eiszeit in den Herzen der Menschen. Nun schiebt sich das Eis vor, Neid, Hass und Gewalt bedecken die Welt und begraben alles unter sich. Die Liebe Gottes ist tot.

Was soll man noch tun? Die Frauen gehen, um den Toten zu salben. Eine sinnlose Geste eigentlich, rührend und hilflos. Denn das bringt ihn ja nicht wieder, das ändert nichts mehr. Trotzdem ein kleines Licht, ein Zeichen von Zuwendung und Liebe. Und ein mutiger Schritt, zum Grab eines hingerichteten Verbrechers zu gehen.
Und dann geht am Ostermorgen die Sonne auf. Aber in den Worten des Engels geht noch eine andere Sonne auf: Er ist nicht hier, er ist auferstanden.
Was tut ihr hier? Den Toten salben? Das Leben hat euch überholt! Er lebt! Raus hier. raus aus der Grabeskälte, an die Luft, in die Sonne, auf in die Häuser! Trommelt die anderen zusammen, setzt euch an den Tisch, holt Brot. Holt Wein. teilt, feiert!
Im Weg an das Kreuz hat die Liebe nicht verloren, sie hat sich bewährt! Die Liebe hat den Tod durchlitten, sie hat sich nicht aufgegeben. Gott steht zu seinem Wort. Das ist die Osterbotschaft für uns: Geht! Wenn ihr jetzt aus der Kirche geht, auf die Straßen, in die Häuser, feiert! Feiert. dass die Sonne der Liebe Gottes über uns steht; Im Leiden hat er sich bewährt, er ist uns treu geblieben. Die Zeit der Kälte ist vorbei, wo heute noch Hass und Misstrauen herrscht, ist es Schnee vom alten Jahr, er wird schmelzen.
Die Welt hat einen neuen Kurs bekommen. Die Erde, von den Menschen auf Krieg und Vernichtung programmiert, schwenkt auf eine neue Bahn.
Lasst den Engel unter uns reden, lasst ihn zu Worte kommen! Die Frauen hörten es und fürchteten sich. Zu neu, zu gewaltig war das, was sie hörten. Aber sie gingen. Und andere gingen mit ihnen und nach ihnen. Und heute gehen wir. Noch ein wenig wollen wir singen, noch miteinander beten, dann gehen wir. Die Türen ins Leben sind uns offen.

8. Er geht vor euch her (Ostern)

Markus 16,1-8

Den Ort, an dem Jesus begraben war, weiß niemand. Das Grab ist vergessen worden. Nirgendwo wird erzählt, die Christen hätten es noch aufgesucht oder dort Gottesdienste gehalten. Auch nicht bei ihren Ostergottesdiensten. Als Paulus einige

Jahre später Jerusalem besuchte, hat ihm niemand das Grab gezeigt. Er hätte es sonst sicher in seinen Briefen erwähnt. Es ist merkwürdig: Die erste Christenheit hat offenbar das Grab von Jesus einfach vergessen. Einige Jahrzehnte später wurde die Stadt völlig zerstört. Tatsache ist: Niemand weiß mehr Genaues von dem Grab. Später hat man sich dann alle möglichen Legenden erzählt und sogar eine Grabeskirche gebaut - aber das ist alles nur von einer frommen Fantasie ausgedacht. Den ersten Christen war das Grab nicht wichtig.

Dabei scheint es den Frauen auf dem Weg zum Grab so wichtig zu sein. Im Augenblick das wichtigste in ihrem Leben. Sie haben sich noch viel vorgenommen. Hier wollen sie den lieben Toten noch einmal beweinen, ihm noch einen Dienst erweisen. Bei der Beerdigung musste alles so schnell gehen. Da war keine Zeit, alles so zu vollziehen, wie es üblich und richtig ist.

Nun kann man sagen: Was kommt es denn darauf noch an? Er ist ja nun tot und daran werden alle Liebesdienste nichts mehr ändern. Ob sie seinen Leib noch salben, ob sie Blumen an sein Grab bringen, ob sie einen schönen Grabstein setzen, er ist tot.

Vielleicht geht es ihnen wie manchen Angehörigen, die sich für das Grab eines Verstorbenen etwas Bestimmtes vorgenommen haben. Bestimmte Blumen, die sie darauf pflanzen müssen, oder ein ganz besonderer Grabstein, der es unbedingt sein muss. Wenn dann jemand kommt und sagt: Es geht nicht, es ist nicht zu machen - dann werden sie das nicht hinnehmen. Irgendwie muss es doch gehen. Als ob dies das Letzte und Entscheidende wäre, das man noch einmal für den Toten tun kann.

So geht es den Frauen auch. Irgendwie muss das noch gemacht werden, diese letzten Handgriffe, sonst lässt es ihnen keine Ruhe.

Nur ein Problem gibt es: Da liegt ein großer Stein vor dem Grab. Der ist so schwer, den werden sie nicht weggewälzt kriegen. Der Stein liegt ihnen schwer auf der Seele und drückt und belastet sie. Der Weg ist ihnen versperrt. Jesus ist unerreichbar. Der Stein liegt davor. Und eigentlich müssten sie wissen: das geht alles nicht, was sie sich vorgenommen haben. Warum gehen sie dann trotzdem hin? Vielleicht doch in der

Hoffnung, es könnte etwas geschehen? Oder nur, damit sie es wenigstens versucht haben.
Und als sie ankommen, fällt ihnen der Stein wahrhaftig vom Herzen: Er ist weggewälzt. Also geht es doch, was sie sich vorgenommen haben. Sie können ihn salben und alles tun, was nötig ist. Obwohl sie sicher ein beklommenes Gefühl haben. Wer sollte denn schon, so früh am Morgen, sich an dem Stein zu schaffen gemacht haben?
Und dann wird wieder alles ganz anders. Sie können doch nicht tun, was sie sich vorgenommen haben. Da ist einer, im weißen Gewand. Der soll ihnen etwas ausrichten: Jesus lebt, er ist auferstanden. Und er schickt sie weg. „Geht hin und sagt den Jüngern, sie sollen nach Galiläa gehen, dort werdet ihr ihn sehen. Und jetzt macht, dass ihr wegkommt. Hier ist nichts zu sehen. Hier ist nur ein Grab, ohne Bedeutung, ohne Sinn.
Das Grab, eben noch das Wichtigste in ihrem Leben, ist auf einmal unwichtig geworden. Was soll man das Grab schmücken, wenn er auferstanden ist? Vergesst das Grab.
Und so haben die ersten Christen das Grab wirklich vergessen. Da, wo Gott seine Hand im Spiel hat, zählen die Gräber nicht mehr.
Was heißt das: »Er ist auferstanden«? Sicher nicht, dass er einfach zurückgekommen ist, dass er nun wieder unter den Menschen umgeht. Wiedergekommene Tote gibt es nur in Horrorfilmen. Aber damit hat Ostern nichts zu tun. Der Unterschied liegt schon allein in der Reaktion der Leute: Ein wiedergekommener Toter würde Angst und Entsetzen auslösen - und das wollen ja die Gruselfilme.
Aber Jesus löst bei denen, die ihm begegnen, Freude und Jubel aus. Kein wiedergekommener Toter, sondern etwas Neues, das Gott angefangen hat. Jesus ist wie ein Verbrecher hingerichtet worden, aber Gott hat ja zu ihm gesagt, hat ihm Recht gegeben. Und wer ihm begegnet, wird in das Neue mit hineingezogen. Er bekommt einen Auftrag: das, was ihm begegnet ist, weiterzusagen.

Darauf bezieht sich der Auftrag der Frauen: Geht hin und sagt seinen Jüngern und Petrus, dass er - nämlich Jesus - vor euch hergehen wird nach Galiläa. Dort werdet ihr ihn sehen, wie er euch gesagt hat.
Jesus ist ihnen längst voraus. Nur indem sie hinter ihm hergehen, begegnen sie ihm. Nicht rückwärts zum Grab, sondern vorwärts auf seinen Spuren.
Er ist uns immer voraus, weiter als wir. Und darum geht es auch für uns. Nicht am Grabe sitzen bleiben, da ist nichts los, sondern den Jesus vor uns finden, den, der vor uns her geht.

9. Beim Namen genannt (Ostern)
Johannes 20,11-18
Dass nach einer solchen Nacht doch auch wieder ein Morgen kommt! Nun ist Jesus tot und zu Grabe getragen, heimlich und in Eile, notdürftig bestattet und der Stein vor das Grab gewälzt.
Und dann senkt sich Dunkelheit über die Welt. Jesus ist tot und alle Hoffnung dahin. Alles, was Menschen von ihm erwartet haben, Gottes Reich, eine neue Zeit, Frieden und Gerechtigkeit, alles dahin. So dunkel kann sonst keine Nacht sein. Alles ist still, kein Lufthauch in den Bäumen, keine Schritte oder Stimmen der Menschen, die etwa unterwegs wären.
Da endlich zeigt sich ein blasser Streifen am Himmel. Will es doch Morgen werden. Und da hört man einen Schritt. Es kommt jemand. Leise, im Schatten der Bäume, eine Frau. Langsam nähert sie sich dem Grab. Sie zögert, sieht sich unruhig um, bleibt stehen. Eine fahle Morgendämmerung zieht auf. Wir erkennen die Umrisse alter Bäume gegen den Morgenhimmel. Das Grab ein schwarzer Fleck in der Felswand. Da stimmt etwas nicht. Wahrhaftig, der Stein ist nicht, wo er sein sollte. Er ist beiseite gewälzt. Das Grab ist offen. Sie steht unschlüssig, wendet sich dann um und schleicht hastig davon. Dann ist es wieder still. Allmählich wird es heller. Die Umrisse der Bäume zeichnen sich gegen den Lichtstreif ab. Da sind wieder Schritte. Lauter diesmal und schneller. Da kommt jemand gelaufen, nein, zwei Leute. Zwei

Männer ganz außer Atem. Die Frau ist bei ihnen. Der am weitesten vorn ist, bleibt vor dem Grab stehen, beugt sich vor, sieht hinein. Der andere kommt nach, schiebt ihn zur Seite, betritt das Grab. Eine Weile bleibt er in der dunklen Höhle, dann kommt er heraus. Die beiden sind aufgeregt, flüstern, sehen sich um, schütteln die Köpfe, gehen davon. Die Frau steht abseits, sieht ihnen zu, bleibt stehen. Sie setzt sich auf einen Stein in der Nähe, den Kopf in die Hände gestützt. Sie weint leise vor sich hin.

Plötzlich fällt ein Licht auf die Szene, aber es scheint aus dem Grab zu kommen. Im Grab ist es auf einmal hell geworden. Zwei weiße Gestalten, leuchtend, das können nur Engel sein. Und wir hören sie fragen: Frau, was weinst du? Da hebt sie den Kopf, steht auf, tritt näher, bleibt vor dem Grab stehen. „Sie haben meinen Herren weggenommen“ sagt sie, „und ich weiß nicht, wo sie ihn hingelegt haben.“

Sieht sie denn nichts? Erkennt sie nicht die himmlischen Gestalten? Hat ihre Trauer sie blind gemacht? Auch die Engel sind nichts anderes als die Zeugen ihrer Klage. Ihre Frage klingt verwundert: Was soll das Weinen? Es ist doch gar kein Grund dazu? Aber wo jemand so traurig ist, fragen auch Engel vergebens. So sind sie wieder verschwunden. Und die Frau ist wieder allein am Grab und weiß nicht aus noch ein. Was bedeuten ihr die Männer, die sie zur Hilfe geholt hatte? Die haben nichts ausgerichtet. Was bedeuten ihr Engel? Die können den verschwundenen Jesus nicht wieder herschaffen.

Der Himmel hat sich inzwischen verfärbt. Alle Töne von rosa bis violett ziehen sich über den östlichen Himmel und färben ein paar Wolken mit ein. Die ersten Laute sind zu hören, ein Rascheln hier und da im Gras und im Gestrüpp, die ersten Vögel probieren ihre Stimmen. Da steht auf einmal jemand. Niemand hat ihn kommen sehen. Ist er schon lange da? Wir sehen nur den Umriss gegen den Morgenhimmel. Wer kann so früh im Garten unterwegs sein? Der Gärtner? Die Frau steht auf und geht zu ihm. Und er sagt: Frau, was weinst du? Wen suchst du? Und sie sagt: Herr, hast du ihn weggetragen, so sage mir, wo du ihn hingelegt hast; dann will ich ihn holen.

Und er sagt zu ihr: Maria! Da ist es, als wenn ein Schleier vor ihren Augen weggezogen wird. Er ist es. Es ist Jesus. Und sie sagt nur noch: Rabbuni, das heißt: Mein Meister.

Da geht die Sonne auf. Es ist Ostern. Und so wenig braucht es dazu. Nur einmal im richtigen Augenblick ihr Name genannt: Maria! Das ist die Osterbotschaft. Keiner hält ihr lange Reden und erklärt, was gemeint ist. Nur den Namen, mehr nicht. Wer mich so beim Namen nennen kann, ist nicht tot. Und mehr braucht es nicht, damit es bei mir Ostern wird: Dass er mich beim Namen nennt. Und ich weiß: Ich bin gemeint. Er sieht mich und kennt mich und unter all den Milliarden Menschen hat er gerade mich im Blick. Alles, was ich bin, all meine Fehler, mein Versagen, meine Schuld, alles kennt er und richtet seine ganze Aufmerksamkeit und seine Liebe auf mich und nennt mich beim Namen. Ich bin angenommen und aufgenommen bei ihm.

Maria Magdalena, beim Namen genannt, steht einen Augenblick ganz still, ehe sie es begreift. Dieses „Rabbuni" klingt noch zögernd: ist es wirklich wahr? Bist du es? Und dann überwältigt sie die Freude und will ihn umarmen und gar nicht wieder loslassen. Heller Sonnenschein liegt über dem Garten. Es ist Tag.

Aber Jesus macht sich los von ihr. „Halt mich nicht fest" sagt er. Und da möchte sie gerade. Ihn festhalten, er soll bei ihr bleiben, es soll alles wieder werden wie früher. Sie will wieder mit ihm über die Straßen und Wege von Galiläa wandern, am Berghang sitzen und auf den See hinaussehen und will ihn wieder erzählen hören vom Reich Gottes.

Aber so wird es nicht wieder. Man kann die Zeit nicht zurückdrehen. Und auch Jesus dreht die Zeit nicht zurück. Was nun kommt, ist etwas Anderes, etwas Neues. Etwas Größeres. Er geht zum Vater. Alle Grenzen von Zeit und Raum spielen nun keine Rolle mehr: ich bin bei euch alle Tage bis an der Welt Ende.

Sie hat keinen Grund, traurig zu sein. Sie kann Jesus nicht festhalten, aber sie muss ihn auch gar nicht festhalten. Er ist bei ihr alle Tage. Und bei uns auch. So kann sie gehen und es weitersagen. Sie ist die erste, die die gute Nachricht in alle Welt trägt. Die Jünger haben es von ihr. „Ich habe den Herrn gesehen und das hat er zu mir gesagt." So läuft die gute Nachricht um die Welt und auch zu uns hierher heute morgen in die Ahauser Kirche. Damit auch hier und heute morgen für uns Ostern wird.

10. Himmelfahrt und Tag der Arbeit

Epheser 1, 20b - 23

Himmelfahrtstag und Tag der Arbeit, das kommt selten zusammen, das letzte mal 1913, habe ich gelesen. Sollen da auf einmal Himmel und Erde zusammenkommen? Gott zusammenkommen mit Alltag und Arbeitsleben? Ja, so soll das sein. Denn was bliebe sonst? Gott ohne Alltag oder Alltag ohne Gott. Ein Glaube, der nicht mit Alltag und Arbeitsleben zu tun hat, was wäre der nütze? Und ein Alltag, der nichts mit Gott zu tun hätte, der ganz und gar gottlos und gottverlassen wäre – wie wäre der auszuhalten? „Dein Wille geschehe, wie im Himmel so auf Erden" beten wir. Das soll beides zusammenkommen. Wie der Wille Gottes im Himmel geschieht, wissen wir nicht. Aber dass er auch bei uns hier auf Erden geschehe, darum beten wir. Jesus hat seinen Jüngern dies Gebet beigebracht. Und an ihm haben sie auch gleich gesehen, wie das geht: Dass Gott und Alltag zusammenkommen.

In ihm sind Himmel und Erde zusammenkommen und Gott und Mensch. Da ist Gott weltlich geworden und sitzt mit Fischern am Tisch und isst und trinkt und fährt mit ihnen hinaus auf den See, wenn sie ihre Netze auswerfen.

Wie können Himmel und Erde zusammenkommen heute – im Alltag, in der Arbeit, im Beruf?

Wenn man heute Jugendliche fragt, was sie werden wollen, gibt es eine große Auswahl an Berufen, die man sich wünschen und vorstellen kann. Und wenn man fragt: Warum willst du gerade diesen Beruf? Dann kann man verschiedene Antworten kriegen:

- Der eine sagt: Ich will viel Geld verdienen. Gut, aber wozu? Damit ich mir dies und das kaufen und leisten kann. Dann findet das eigentliche Leben nicht im Beruf, sondern in der Freizeit statt. Dann würde man einen großen Teil seiner

Lebenszeit mit etwas verbringen, das einem eigentlich gleichgültig ist, um damit den anderen Teil zu finanzieren. Frage: Würdest du alles für Geld tun, egal was, Hauptsache es bringt viel ein? Oder gäbe es auch Dinge, bei denen du sagen würdest: das würde ich nicht tun, ganz egal, was man mir dafür zahlt?

- Warum gerade diesen Beruf? Ein anderer würde vielleicht sagen: Weil er mir Spaß macht. Dann wäre ein Beruf auch dazu da, etwas zu tun, wozu man Lust hat, was man gut kann. Nach Begabung wäre dann der Beruf ausgesucht. Und eigentlich ist jeder Mensch begabt, man muss es nur herausfinden. Aber kann ein Beruf nur immer Spaß machen? Gibt es nicht auch viele Dinge, die müssen getan werden, auch wenn sie keinen Spaß machen? Dann redet man von Berufspflichten. Manche werfen die Ausbildung wieder hin, wenn sie keinen Spaß mehr macht. Es gibt Dinge, die müssen getan werden, weil jemand sie tun muss.

- Warum gerade dieser Beruf? Ein Dritter würde vielleicht sagen: Weil ich etwas Sinnvolles tun möchte, Menschen helfen, etwas für sie tun. Das kann manchmal Spaß machen, manchmal auch nicht. Manchmal verdient man gut dabei, manchmal nicht. Aber der Sinn liegt auch nicht immer so auf der Hand. Manchmal zweifelt man auch daran. Nützt das wirklich jemandem, was ich tue? Ändert es etwas?

Ich glaube, man darf diese drei Antworten nicht gegeneinander ausspielen. Jede hat ihr Recht. Wer arbeitet, soll auch verdienen, einen gerechten Lohn. Wer arbeitet, soll Freude an seiner Arbeit haben. Und: Wer arbeitet, soll einen Sinn in seinem Tun sehen.

So kann man sich das wünschen, aber wir sind oft weit davon entfernt. Löhne gerade über der Armutsgrenze, sture, eintönige Arbeit, Tätigkeiten, in denen man keinen

Sinn sieht – das gibt es auch. Und wenn das alles zusammenkommt, ist das eine schwere Belastung für Menschen und kann sie krank machen.

Wie kann eine sinnvolle Arbeit in einem sinnvollen Leben aussehen? Im Predigttext wird das Bild vom Haupt und den Gliedern angeboten. Christus das Haupt und wir die Teil eines großen Körpers, eines Organismus. Alle hängen von allen ab, wo ein Körperteil leidet, leiden die anderen mit. Um Ausgleich und Gerechtigkeit geht es, alle haben teil am gemeinsamen Leben und am gemeinsamen Auskommen. Wenn Leute unterhalb der Armutsgrenze leben, trifft das alle. Ob es Armut bei Kindern oder bei alten Menschen ist. Und wenn Manager, die eine Firma in den Ruin führen, Millionen dafür bekommen, oder wenn Banker Millionen verspekulieren können, ohne dass es auffällt, dann ist das ganze Gleichgewicht gestört. Wie Gerechtigkeit zu schaffen ist, darüber muss diskutiert und vielleicht auch gestritten werden. Da haben Christen kein Patentrezept und nicht den Überblick über die komplizierten Zusammenhänge. Aber darauf wollen wir schon bestehen: Dass Gerechtigkeit gesucht wird, dass Menschen Arbeit haben, bei der sie genug verdienen, an der sie Freude haben und die Sinn macht. Zumal, wenn wir den Organismus mit Haupt und Gliedern noch weiter fassen. Der hört ja nicht an den Grenzen unseres Landes auf. Er ist weltweit. Und wenn wir diese Ziele weltweit verstehen. Liegt noch ein langer Weg vor uns.

Zu einem funktionieren Organismus gehört aber auch, dass er Schmerzen empfinden kann. Ein Körper, der keine Schmerzen empfinden kann, ist gefährlich krank. Wo ein Glied leidet, empfindet der ganze Körper den Schmerz. So ist das im Zusammenleben der Menschen auch: Wo es einem unter uns schlecht geht, spüren alle den Schmerz - sonst ist unsere Gesellschaft krank. Da ist dann keine Verbindung untereinander und zu dem Haupt, der über allem ist.

Himmelfahrt heißt nicht, dass Jesus sonst wohin verschwunden ist. Er ist mitten drin in dem Organismus, als Zentrum, über allen unsichtbaren Mächten und Gewalten, über allem, was irgend Rang und Namen hat. *Dort thront jetzt Christus über allen unsichtbaren Mächten und Gewalten, über allem, was irgend Rang und Namen hat, in dieser Welt und auch in der kommenden.*

Über unsichtbaren Mächten und Gewalten. Mit denen haben wir es dauernd zu tun: Konzerne, weltweit verflochtene Kapitalgesellschaften, anonyme Geldströme, der Dax, der rauf und runter geht. Aber diese unsichtbaren Mächte sind nicht die Herren der Welt. Das muss sich alles, was Rang und Namen hat, gesagt sein lassen: dass man nicht alles machen kann, was man will, dass auch sie Rechenschaft schuldig sind. – und das zu sagen ist auch Aufgabe der Kirche. Es ist unsere Aufgabe, im Leib Christi die einzelnen Glieder auf ihre Verantwortung anzusprechen, auf Gerechtigkeit zu drängen und auch den Schmerz auszudrücken, wo Glieder dieses Leibes unter Ungerechtigkeit zu leiden haben. Dass Gottes Wille geschieht, hier auf Erden, das ist unsere Hoffnung und unser Gebet

11. Himmelfahrtsglocken

Johannes 17,20-26

Das klingt schön, aber auch irgendwie gleichförmig. Worte, die nicht von der Stelle kommen. Es kommt das Gleiche immer wieder:

Dass sie eins seien, Vater, so wie wir sollen sie auch eins sein,
Ich lebe in ihnen, du lebst in mir,
so sollen sie vollkommen eins sein.

Das ist wie ein großes Glockengeläut, das kommt auch nicht von der Stelle und verändert sich doch ständig. Da entsteht keine Liedmelodie mit Anfang und Schluss. Es ist ein unendliches Klingen. Denn die Glocken sind alle verschieden groß und verschieden schnell und bilden immer andere Reihen. Die Klänge laufen aufeinander zu, überkreuzen sich, laufen wieder voneinander weg und so immer weiter. Es entsteht ein großes buntes Gewebe von Tönen, ein Gewölbe aus Klang über der Kirche und über dem Dorf.

So ist dieser Text auch. Wenn man das ganze Kapitel liest, merkt man, dass es immer so weitergeht. Ein buntes Muster aus immer wieder kehrenden Farben.

Text hat etwas mit Textilien zu tun, Texte sind Gewebe aus Worten. Diese Worte sind wie ein Tuch, wie ein Zelt, das über uns gebreitet wird und uns wärmt und schützt und Zuflucht gibt.

Wer hat das schöne Himmelszelt hoch über uns gesetzt? Singen wir im Lied. Das Himmelszelt - das ist nicht einfach das Blau da oben, die Natur. Das Blau da oben ist auch kalt und lebensfeindlich, luftleerer Raum. Nur da, wo Gottes Liebe einen Himmel über uns spannt, sind wir geborgen. Und so spannt Jesus hier einen Himmel aus Worten aus:

Ich bete darum, dass sie alle eins seien, so wie du in mir bist, Vater, und ich in dir. So wie wir sollen auch sie in uns eins sein, damit die Welt glaubt, dass du mich gesandt hast.

Ich habe ihnen die gleiche Herrlichkeit gegeben, die du mir gegeben hast, damit sie eins sind, so wie du und ich.

Ich lebe in ihnen, und du lebst in mir; so sollen auch sie vollkommen eins sein, damit die Welt erkennt, dass du mich gesandt hast und dass du sie, die zu mir gehören, ebenso liebst wie mich.

Wir sind geliebt, wir sind eins, wir haben Anteil an Gottes Licht und Glanz, Christus lebt in uns. Aber sind wir das wirklich? Voller Liebe, eins im Glauben, voll Licht und Glanz? So zu fragen wäre ein Missverständnis. Es ist ja nicht unser Glanz, nicht unsere Liebe. Die Liebe Gottes ist das Zelt, der Himmel, unter den wir flüchten angesichts der Lieblosigkeit in der Welt - und auch angesichts unserer eigenen Lieblosigkeit.

So ist das mit Jesus. Er redet nicht vom Himmel, er spannt einen Himmel aus, er schafft den Himmel um sich. Jesus hat erstaunlich wenig vom Himmel erzählt, auch wenn man annehmen müsste, dass er da Bescheid weiß. Die Neugier der Menschen ist immer groß. Da hätte man gerne gewusst: Was ist das eigentlich - der Himmel? Wie geht es da zu? Wer ist da und wer nicht? Und die Menschen haben sich auch immer wieder Antworten darauf andrehen lassen von Leuten, die angeblich Bescheid wissen. Und die von den Verhältnissen im Jenseits berichten konnten, wie viel Arten

von Engeln es gibt und was ihre Aufgaben sind und was mit den Seelen geschieht und welche Lobgesänge man da anstimmt.
Hätte man Jesus so etwas gefragt, hätte er sicher eine seiner verblüffenden Antworten gegeben. Er hat ja so eine Art, Fragen umzudrehen, bis sie auf den Fragesteller selbst zeigen und er der Gefragte ist. Was interessieren dich die Engel, was interessiert dich, auf welcher Wolke du sitzen wirst und welche Harfe spielen? Heute begegnet dir Gott - und sieh zu, dass du ihn nicht verpasst.
So verstehe ich auch, was mit den Jüngern geschieht, als Jesus von ihnen geht. Wie sie da noch stehen und in den Himmel starren und warten, was jetzt wohl da oben noch passieren könnte, da sind auf einmal Engel bei ihnen, aber nicht da oben, sondern hier unten. Hinter ihrem Rücken sind sie herangekommen. Und sie setzen den Jüngern schnell den Kopf zurecht. Da oben gibt es gar nichts zu sehen. Ihr Männer, von Galiläa, was steht ihr da und seht zum Himmel? Jesus ist längst unterwegs - in alle Welt. Und überall spannt er seinen Himmel aus. Und ihr geht mit. Seht zu, dass ihr den Anschluss nicht verpasst, wenn ihr dauernd nach oben starrt.
Wenn Jesus redet, ist der Himmel nahe. In Gleichnissen und Geschichten zaubert er einen Himmel vor die Augen der Zuhörer. Er spannt den Himmel aus in seinem Wort. Bis heute. Wo wir ihn hören, geht uns der Himmel auf. Und da redet er nicht vom Jenseits, er redet vom Sämann und seiner Saat, vom Sohn, der verloren ging und wiederkam, vom barmherzigen Samariter, der half, als er gebraucht wurde. Er redet nachdrücklich vom Diesseits. Aber alle diese Geschichten und Worte sind Fäden, die sich zu einem Muster zusammenfinden. Ein Muster, wenn man alle zusammensieht. Ein bunter Teppich von der Liebe Gottes, von Schuld und Vergebung, vom Leben mit Gott.
Ein buntes Zelt, über uns ausgespannt - so weit wie der Himmel und doch so nahe. Ein Zelt, unter dem zusammenrücken kann, damit Menschen eins werden im Glauben und Lieben und Hoffen.
Die Einheit der Christen ist ein schwieriges Thema heutzutage. Wir sehen dabei auch auf das Verhältnis der Kirchen und Konfessionen. Und ich bin nicht sehr glücklich

darüber. Die Kirchen kommen nicht von der Stelle, trotz gemeinsamer Erklärungen und Papiere. Ich glaube, von den großen Erklärungen und Papieren hoch oben zwischen Kirchen und Kirchenleitungen ist wenig zu erhoffen. Einheit im Glauben ist nicht etwas, was wir durch ausgeklügelte theologische Erklärungen herstellen können. Einheit im Glauben entsteht da, wo wir uns gemeinsam unter Gottes großen Himmel bergen. Die Einheit entsteht nicht in unseren Köpfen, sondern da, wo Jesus selbst uns zusammenführt. Und ein gemeinsames Gebet mit Christen anderer Kirchen, einmal sich die Hand reichen zum Friedensgruß - das ist mehr als kluge Worte. Sie sollen alle eins sein, sagt Jesus. Er meint nicht, sie müssten deswegen auch alle eigenen Traditionen und Erfahrungen aufgeben. Im Gegenteil. Die eine heilige christliche Kirche, die wir im Glaubensbekenntnis bekennen, stellt sich als Vielzahl von Kirchen dar. Keine Kirche kann allein in sich die ganze Wahrheit des Glaubens entfalten. Sie braucht die anderen als Ergänzung und Bereicherung. Auch die einzelnen Kirchen und Konfessionen sind Fäden, die - jeder in seiner Farbe - von Gott zusammengefügt werden zu einem Gewebe, einem Bildteppich. Und wenn sie alle zusammenpassen und zusammenstimmen, zeigen sie das Bild von Christus.
Oder im anderen Bild: Die vielen Kirchen sind wie Glocken in einem großen Geläut. Keine hat genau den Ton der anderen, sie sind höher oder tiefer, schneller oder langsamer, aber sie alle klingen zusammen zu einem Geläut, in dem Gott gelobt wird. Über alle spannt Gott seinen Himmel aus. Über allen klingen die Glocken des Himmelfahrtsfestes. So erfüllt die Liebe Gottes alles und Christus lebt in uns.

12. Wie der Glaube Flügel bekommt (Pfingsten)

Ich habe immer davon geträumt zu fliegen. Manchmal gelang es im Traum. Dann schwebte ich hoch oben über der Welt über alle Hindernisse weg. es ging ganz leicht, es war so natürlich wie das Gehen.
Wenn ich mich auf etwas freue, wünsche ich mir, ich wäre schon da. Aber es liegt noch viel dazwischen, was erst geschafft werden muss. Aufgaben sind zu erfüllen, Probleme zu lösen.

Das ist wie ein großer Berg. Dann wünsche ich mir, ich könnte hinüberfliegen und könnte alles hinter mir lassen.
Von oben würden die Probleme und Sorgen klein aussehen und lösbar. Nur von unten wirken sie so groß. Da müsste ich lange klettern und würde schnell müde und matt.
Im Psalm 103 steht:

Gott gibt den Müden Kraft,
und die Schwachen macht er stark.
Selbst junge Leute werden kraftlos,
die Stärksten erlahmen.
Aber alle, die auf Gott vertrauen, bekommen immer wieder neue Kraft.
sie fliegen auf mit Flügeln wie ein Adler
Sie gehen und werden nicht müde,
sie laufen und brachen nicht zusammen.

Pfingsten erzählen wir von Leuten, deren Glaube Flügel bekam. Sie hockten im Keller und wussten nicht weiter. Sie trauten sich nicht auf die Straße. Sie wussten wohl: Sie würden den Leuten gerne von Jesus erzählen – aber wie soll man das anfangen? Wie soll ihnen jemand zuhören? Wird man sie auslachen? Wird man sie überhaupt hören? Und können sie die Sache mit Jesus so sagen, dass man es versteht? Dass es den Menschen hilft? Dass sie so einen Weg zu Gott finden und zu ihren Mitmenschen? Probleme über Probleme, hohe Berge, gar nicht zu schaffen.
Und dann kommt plötzlich ein Wind, ein Rauschen wie Taubenflügel, ein Feuer über ihnen.
Und das trägt sie hinaus, weht sie auf die Straße. Plötzlich beflügelt sie der Glaube, ihre Hoffnung wird beschwingt. Und das Reden wird selbstverständlich, viel leichter als Schweigen.
Und sie reden – und auch ihre Worte kriegen Flügel, fliegen hin zu den Menschen, in ihre Ohren und Herzen.

Sie brauchen nicht um Aufmerksamkeit zu fürchten, alle sind ganz Ohr, alles geht ganz leicht.

Da sind viele Menschen aus allen Völkern, getrennt durch Sprache und Herkunft.

Was haben Elamiter mit Ägyptern zu tun? Was ein Schwarzer aus dem Senegal mit einem Eskimo aus Grönland? Ein Banker aus Chicago mit einem Mönch aus Tibet? Unüberwindbare Grenzen, wie es scheint. Wenn nicht – ja wenn nicht dieser Wind kommt, Gottes Taubenflügel. Da fliegen sie über alle Grenzen, nichts stört mehr, die Sprache ist kein Hindernis. Sie fallen sich in die Arme, tanzen, singen irgendwie – wer weiß in welcher Sprache – Halleluja vielleicht oder auch gar keinen Text. Nur a und o und das große Staunen und die große Freude.

Wenn ich mich auf ein Fest freue, wünsche ich mir, es wäre schon da.

Ich stelle es mir vor, wie es sein wird, die Gäste, die Musik, das Essen und vieles mehr.

Meine Fantasie kriegt Flügel und dreht schon eine Runde über dem Fest.

Und dann kann ich die Zeit dazwischen leichter aushalten, auch die Arbeit, die noch dazwischen liegt.

Wir hoffen auf Gottes großes Fest, das Reich Gottes.

Da kriegt die Hoffnung Flügel, und manchmal sehen wir das Fest schon von ferne.

Es liegen noch Berge dazwischen,

Leid und Unrecht und Trauer.

Aber Gottes Wind weht uns voran und gibt uns Kraft,

auch wenn der Glaube dann wieder zu Fuß geht.

13. Ein heißes Herz (Pfingsten)

Apostelgeschichte 2,22-23. 32-33.36-39

Ein amerikanischer Fernsehkrimi. Die beiden Detektive in einer Schießerei mit einer Gangsterbande. Die Kugeln pfeifen ihnen um die Ohren. Der eine will aufspringen und weglaufen, aber sein Partner sagt nur: Mann, bleib cool - und ballert lässig zurück. Cool bleiben - das lehrt eine neue Generation von Fernsehhelden. Immer lässig, einen flotten Spruch auf den Lippen, sich nicht aufregen, über allem stehen. Cool - was heißt das eigentlich? Kühl, unbeteiligt, ohne Gefühle, die Dinge im Griff haben, unangreifbar, unverwundbar sein. Auch wenn einem die Kugeln um die Ohren pfeifen, auch wenn alles schief geht, wenn die Freundin einen verlässt - cool bleiben, mit den Achseln zucken, sich eine Zigarette in den Mundwinkel schieben. Na und? Ist doch alles egal. Warum sich aufregen. Wenn heute in einer Schulklasse vielleicht von einem Mitschüler gesagt wird: Der ist so cool - dann kann das ganz Verschiedenes heißen. Ein bisschen cool ist ja ganz gut - und wird auch heimlich bewundert. Von Gleichgesinnten jedenfalls. Jemand, der eine 6 schreibt und dann ganz cool ist und sagt: Na und? Das kratzt mich doch nicht! Da hat einer Krach mit seiner Lehrerin wegen seines Benehmens- und die regt sich auf und wird laut - und der Schüler reagiert gar nicht und denkt: Was will die Alte - ganz cool.

Auf der anderen Seite: Zu cool ist auch nicht beliebt. Jemand, der zu nichts Lust hat, alles nur blöde findet, sich für nichts einsetzt, auf die anderen nur heruntersieht, macht sich auch keine Freunde. Die anderen haben das Gefühl, dass mit so einem etwas nicht stimmt. Dass die ganze Coolheit nur eine Fassade ist, hinter der sich eine große Leere und eine große Angst verbergen. Ein kleines, schwaches Selbstbewusstsein, das keine Enttäuschung, keinen Misserfolg verkraften kann. Darum versucht man es gar nicht erst, hält sich aus allem heraus, tut ganz unbeteiligt. Nach dem alten Motto. Nimm dir nichts vor, dann geht dir nichts fehl.

Was ist das Gegenteil von Coolsein? Lachen, weinen, sich was vornehmen, sich für etwas einsetzen, zutiefst enttäuscht sein, wenn es schief geht. Glücklich sein, wenn es klappt. Sich streiten, sich versöhnen, sich verlieben, etwas Verrücktes tun, glauben, hoffen, lieben.

Der Gegensatz von Coolsein ist Lebendigsein. Begeisterung, Schwung, Gefühle. So wie bei den 12 Männern, die auf dem Marktplatz von Jerusalem ein merkwürdiges Schauspiel bieten. Da kommen sie auf den Marktplatz, lachend, mit Tränen in den Augen, fallen sich in die Arme, klopfen sich auf die Schulter, drehen sich im Kreis. Was ist mit denen? Was reden die da? Und werden immer lauter dabei? Die Leute spitzen die Ohren. Sie hören Worte und Bruchstücke in allen möglichen Sprachen. Merkwürdig - das sind doch alles Leute von hier - einfache Fischer aus Galiläa. Und nun führen die sich so auf! Da steckt doch was dahinter! Die sind ja völlig aus dem Häuschen, denen muss irgendetwas begegnet sein, das sie derart aufgeregt hat. Nun geraten die Zuschauer allmählich auch in Aufregung. Nun sagt doch, was ist da los? Nur einige bleiben cool und sagen: Die sind doch besoffen!

Und dann fängt Petrus an zu reden. Unser Predigttext ist ein Teil dieser Rede. Das liest sich so brav und bieder. Aber wenn ich mir vorstelle, in was für einer Stimmung die Jünger und ihre Zuhörer waren, dann muss das anders geklungen haben.

Ihr Leute, sagt Petrus, nein, nicht, was ihr denkt: Wir sind nicht betrunken. Es ist ja erst Vormittag. Nein, es ist uns etwas passiert, das glaubt ihr nicht. Das könnt ihr euch nicht vorstellen. Das mit Jesus. Jesus - ihr wisst doch! Viele nicken - ja, sie wissen. Und sie haben kein gutes Gefühl dabei. Sie haben ihn sterben sehen. Und sie wissen wohl: Es nicht mit rechten Dingen zugegangen vor ein paar Wochen, als man ihn verhaftet und hingerichtet hat.

Vielleicht sind einige dabei, die haben zuerst gejubelt, als Jesus nach Jerusalem kam. Und später haben sie „kreuzige ihn" gerufen, als die Stimmung umgeschlagen war. Ja, sagt Petrus, Jesus. Wisst ihr noch? Der Blinde am Weg, wie er sehen konnte? Hört ihr noch die Worte? Wisst ihr die Geschichten noch, die er erzählt hat? Vom Reich Gottes, von Schuld und Vergebung, vom neuen Leben? Und soll ich euch was sagen? Er lebt. Gott hat ihn auferweckt! Das bewegt uns, das brennt in uns, das verdreht uns den Kopf, da kann doch keiner steif und still bleiben, das geht ins Herz, das geht ins Blut, da dreht sich alles! Gott hat seinen Geist über uns ausgegossen!

Und manche der Zuschauer haben später geschworen, man habe etwas wie Feuer über ihren Köpfen gesehen, sie hätten Funken gesprüht. Und diese unaufhaltsame Begeisterung, so sagten sie, hätte alle angesteckt. Einige allerdings blieben cool und sagten: Was soll der Quatsch.

Aber den anderen wurde es heiß ums Herz. Und sie dachten: Was geschieht da mit uns? Wir, die wir aus allen Herren Länder zusammengekommen sind, verstehen uns!

Da geht ein allgemeines Reden und Fragen und Erzählen los: Wer seid ihr denn, wo kommt ihr denn her, aus welchem Land, aus welcher Stadt. Und dann schwirrt alles von den merkwürdigsten Ortsnamen.

Parther, Meder, Elamiter, Pontus, Kappadozien, Mesopotamien, Judäa, Phrygien und Pamphylien.

Das klingt wie ein verrückter Psalm, ein Lobgesang des ganzen Erdkreises.

Parther, Meder, Elamiter, lobet den Herrn.

Phrygien und Pamphylien, lobet den Herrn!

Deutschland, England und Türkei, lobet den Herrn!

Ahausen, Hellwege, Unterstedt und Eversen, lobet den Herrn!

Das ging ihnen in die Füße auf dem Marktplatz von Jerusalem. Da konnte keiner cool bleiben. Da brachte sie die Begeisterung in Bewegung.

Und dann stelle ich mir vor, blieben auf einmal alle stehen. Und stellten dann die entscheidende Frage für diesen Augenblick. Sie gingen also nicht nach Hause zum Mittagessen und sagten: Was einem so alles Komisches passieren kann auf dem Marktplatz! Um dann ihre Suppe zu essen - und alles war wie vorher. Nein, sie stellten die wichtigste Frage: Wie soll es denn weitergehen? Ihr Männer, liebe Brüder, was sollen wir denn tun?

Damit bekommt dies Geschehen und diese Rede erst ihren Sinn. Sonst bliebe die Begeisterung auf dem Marktplatz ein schönes Erlebnis, eine Ausnahme, an die man sich später gerne erinnert, aber ohne Folgen. Höchstens, dass Leute, die dabei waren, sich später einmal wieder treffen und davon schwärmen, wie schön es doch war.

Was sollen wir tun? Petrus hat eine schlichte Antwort parat. Kehrt um und lasst euch taufen! Mehr nicht? Könnten denn diese begeisterten, beschwingten Leute nicht noch ganz andere Sachen tun? Ganz andere Taten vollbringen? Die Stadt aufmischen, die Welt auf den Kopf stellen? Aber nein, nichts weiter als „sich taufen lassen"? Etwas so Schlichtes und Harmloses? Es sei denn - dass die Taufe gar nicht so etwas Schlichtes und Harmloses ist, wie wir immer denken. So eine nette kleine Familienfeier. Dass man sich mit der Taufe auf etwas einlässt, das es in sich hat! Die meisten unter uns sind sicher getauft. Und damit stecken wir in der Sache drin. Damit haben wir uns nun den Heiligen Geist zugezogen. Da können wir nicht cool bleiben, der Heilige Geist ist Feuer, das brennt in uns und sprüht Funken. Die Taufe ist so harmlos wie ein Feuerbrand. Sicher, mancher hat seine Taufe vergessen oder will nichts davon wissen. Aber hört ein Feuer zu brennen auf, wenn man nichts davon wissen will?

Ihr Männer, liebe Brüder, was sollen wir tun? Sie lassen sich taufen. 3000 werden getauft auf dem Marktplatz in Jerusalem. Und das ist erst der Anfang. Das Feuer brennt weiter, auch unter uns heute morgen. Es wärmt und leuchtet auch für uns.

14. Ganz nahe (Konfirmation)

5. Mose 30, 11 - 14

Liebe Konfirmandinnen und Konfirmanden,

war das eigentlich schwer, was wir im Unterricht gemacht haben? Ich kann das kaum beurteilen. Wenn ich mit euch etwas Neues angefangen habe, wusste ich oft nicht, wie es ankommt. Ob ihr sagen werdet: was soll denn das? So ein fremdes, abseitiges Thema, das hat doch gar nichts mit uns zu tun. Oder ob ihr sagt: das ist doch völlig klar und einfach. Und ich habe mich da ja auch manches Mal geirrt. Dass ich in den Unterricht kam und dachte: Das wird ein schwieriges Thema, das wird lange dauern - oder bei einem anderen: das ist klar, das ist schnell geschafft. Und dann kam es manchmal ganz anders. Und auch mein Zeitplan geriet dann ganz durcheinander.

Manche Dinge sind auch klar und einleuchtend gewesen, denke ich. Zum Beispiel in eueren Vorstellungsgottesdiensten. Etwa die Geschichte vom barmherzigen Samariter, wie da einer überfallen wird und am Weg liegt und zwei gehen vorbei und einer hilft. Oder die Geschichte von Kain und Abel - wie Gott den Mord verurteilt und doch dem Mörder noch einen Weg offen hält. Oder der Auszug aus Ägypten, wie Menschen in Sklaverei leben und von Mose in die Freiheit geführt werden. Dann geht es einem, wie der Bibeltext sagt:

Gott sagt: Das Gesetz, das ich euch heute gebe, ist nicht zu schwer für euch und auch nicht unerreichbar fern.
Es schwebt nicht über den Wolken, so dass ihr fragen müsstet: 'Wer steigt in den Himmel und holt es herab, damit wir es kennen lernen und dann befolgen können?'
Es ist auch nicht am Ende der Welt, so dass ihr fragen müsstet: 'Wer fährt übers Meer und holt es herbei, damit wir es kennen lernen und dann befolgen können?'
Nein, Gottes gebietendes Wort ist euch ganz nahe. Es ist auf euren Lippen und in eurem Herzen. Ihr müsst es nur befolgen!«

Aber das andere gibt es eben auch: Dass einem Geschichten der Bibel weit hergeholt vorkommen und man wenig damit anfangen kann. Nun kann man natürlich sagen: Wenn das so ist, dann war das wohl ein schlechter Unterricht. Da hätte der Pastor eben doch zum Himmel steigen müssen und die Geschichte herunterholen oder übers Meer fahren und mit einem Schiff voll guter Geschichten und Lehren im Unterricht ankommen.
Aber ich denke, mir selbst geht das auch so: Manche Geschichten der Bibel sind mir sehr nahe und manche weiter weg. Und mit manchen kann ich wenig anfangen. Die müsste mir auch erst jemand vom Himmel oder von jenseits des Meeres holen.
Ich habe früher immer gedacht, der Konfirmandenunterricht müsste etwas Vollständiges sein. Man müsste alle Themen und Fragen des christlichen Glaubens durchnehmen und bewältigen.
Und am Ende des Unterrichts bei der Konfirmation fielen mir dann immer mehr Dinge ein, die nicht drangekommen waren, was alles fehlt, was ich noch hätte behandeln sollen.
Inzwischen weiß ich: das kann gar nicht anders sein. Konfirmandenunterricht ist immer unvollständig. Das liegt daran, dass man nie alle Seiten des christlichen Glaubens gleichzeitig in seinen Kopf und in sein Leben kriegt. Dazu ist der christliche Glaube viel zu groß - und größer jedenfalls als unser Kopf.

Ich denke, der christliche Glaube ist ein Weg. Ein Weg, der mit der Taufe beginnt und bei der Konfirmation einen wichtigen Punkt erreicht. Aber wenn man unterwegs ist, ändert sich das, was man sieht, dauernd. Es tauchen neue Anblicke auf, hinter der nächsten Wegbiegung sieht die Welt ganz anders aus, dafür ist manches hinter uns verschwunden. So ist das mit dem christlichen Glauben auch. Wenn man unterwegs ist, tauchen immer neue Fragen und Gedanken und Probleme auf, man sieht Dinge plötzlich anders. Auf jeder Wegstrecke, in jedem Lebensalter etwa sieht der Glaube anders aus. Und wenn jemand sagen würde: Mein Glaube verändert sich nicht, dann wäre das ein Zeichen, dass er nicht mehr auf dem Weg ist.
Deswegen muss der Konfirmandenunterricht unvollständig sein, er ist ja nur eine kleine Wegstrecke eures Weges im Leben und auch des Weges im Glauben.
Eine kleine Wegstrecke - die zwei Jahre sind schnell vergangen. Wir sind dieses kleine Stück Weg zusammen gegangen. Und ich bin gerne mit euch gegangen. Es war ein schönes, wichtiges Stück Weg. Es war gut, dass ich euch kennen gelernt habe. Wir haben in dieser kurzen Zeit viel gemacht und viel erlebt - nicht nur in Unterricht und Gottesdienst, auch im Gottesdienstpraktikum, bei den Projektwochen, bei den Vorstellungsgottesdiensten oder auf der Freizeit. Der Weg geht weiter, wir werden uns dabei auch hoffentlich noch öfter sehen. Aber was nach der nächsten Biegung kommt, weiß Gott allein. Mit ihm seid ihr auch weiter unterwegs, auch wenn die Konfirmandenzeit zu Ende ist. Und wenn man mit ihm auf dem Weg ist, wird es gut.

15. Vögel, Blumen und Menschen (Erntedankfest)

Hebräer 13,15-16

Von den Vögeln und den Blumen haben wir gehört. Wie sie nicht säen und nicht ernten und doch von Gott versorgt werden. Darum machen sie sich auch keine Sorgen. Sie vertrauen darauf, dass Gott ihnen zur rechten Zeit geben wird, was sie brauchen. Und so ist es auch mit den Menschen, meint Jesus. Im Vertrauen auf Gott brauchen sie sich keine Sorgen zu machen. Sie sind ja vor Gott mehr als die Vögel und Blumen. Umso mehr wird Gott sich um sie kümmern.

Das wird allen, die sich im Augenblick Sorgen machen, ziemlich naiv vorkommen. Und ohne Sorgen geht es denn doch nicht ab. Auch wenn es gut gegangen ist mit der Ernte, alles gewachsen ist zu seiner Zeit und geerntet und gut eingebracht. Das ist ja jedes Jahr wieder eine große Anstrengung in der Landwirtschaft. Das muss alles passen, die Zeitfenster sind klein, da geht es bis spät in die Nacht. Hinterher gibt es sicher auch ein Aufatmen: geschafft, es ist alles drin, es gab keine Unwetter, keine Katastrophen. Gott sei Dank.

Aber alles doch nur geschafft durch Sorgen und Planen und genaues Rechnen.

Sich keine Sorgen machen? Wie viele unter uns leben von Hartz 4 oder Sozialhilfe und kommen so grade über die Runden. Und jede unerwartete Ausgabe stürzt einen dann wieder in Sorgen, wie das alles aufgebracht werden kann.

Gott streut uns nicht unsere Nahrung und unser Auskommen vor die Füße wie den Vögeln. Er gibt den Menschen etwas anderes: Er gibt ihnen einen Verstand und ein Herz. Verstand und Herz, Gutes zu tun und mit anderen zu teilen. Nahrung für alle fällt nicht vom Himmel. Sie ist aber zu erreichen, wenn alle zusammenhalten und jeder sein Teil dazu tut. Es ist ja nicht so, dass es uns an Nahrung und sonstigen Gütern mangelte. Es ist nur eine Frage des guten Willens und der gerechten Verteilung und der Organisation, dass jeder hat, was er zum Leben braucht.

Wir denken dabei auch über den Horizont unserer Dörfer und unseres Landes hinaus. Nahrung und Gerechtigkeit für alle ist ein weltweites Problem. Da ist das Teilen nicht so leicht. Wenn ich auf der Bank sitze und mein Butterbrot esse und neben mir sitzt einer, der hat Hunger, dann kann ich mein Butterbrot durchbrechen und dem anderen eine Hälfte abgeben. Aber bei Menschen, die mitten in Afrika, im Tschad oder in Burkina Faso hungern? Eine Zeit lang dachte man, man könnte unsere Nahrungsmittelüberschüsse einfach in diese Länder schaffen und dort an Hungernde verteilen. In einer Notsituation, einer Hungerkatastrophe vielleicht, muss man das wohl auch. Aber eine Lösung ist das nicht. Daran geht nur die Landwirtschaft in diesem Land ganz kaputt. Es kommt vielmehr darauf an, dass die Menschen sich selbst helfen lernen. Wir teilen also nicht Nahrungsmittel, sondern Wissen und Können. Gott streut uns nicht die Körner vor die Füße, aber er gibt uns unseren Verstand. Und auch so geht das Teilen, dass wir von unseren Kenntnissen und Fähigkeiten abgeben. „Brot für die Welt" hat das alte Sprichwort: Gib einem Menschen einen Fisch, und er hat einen Tag zu essen. Bring ihm das Fischen bei, und er hat immer zu essen. Jedenfalls solange es noch Fische gibt und die Meere nicht leergefischt sind.

Heute am Erntedankfest wollen wir Gott danken, dass wir wieder zu essen haben, dass wir ernten konnten, was gewachsen ist. Und auch wer nicht unmittelbar an der Ernte beteiligt ist, wird sich mit freuen. Letztlich sind wir ja alle davon abhängig, dass der Kreislauf der Natur seinen Gang geht mit Saat und Ernte, Frost und Hitze, Sommer und Winter, Tag und Nacht.

Indem wir Gott danken, erkennen wir an: Alles, was wir haben, ist sein Geschenk. Nichts, worauf wir ein Anrecht hätten, nichts, was uns zusteht. Darum gehört das Teilen dazu. Als Beschenkte geben wir weiter, was Anderen zum Leben nötig ist.

Das ist das Opfer, das Gott von uns will. Früher hat man gedacht, man muss Gott Opfer bringen. Man brachte in Israel Tiere oder Früchte in den Tempel, damit sie Gott geopfert würden. Hier in unserem Bibeltext hören wir: das ist gar nicht nötig und auch gar nicht das, was Gott will. Er will allerdings, dass wir seine Gaben nicht selbstverständlich hinnehmen, als müsste das so sein. Es ist schon gut, dass wir uns über seine Gaben freuen und ihm danken und ihn loben. Sonst will Gott nichts für *sich - aber vieles für die Mitmenschen. Es heißt:*

Vergesst nicht, Gutes zu tun und mit anderen zu teilen. Das sind die Opfer, an denen Gott Gefallen hat.

Opfer heißt natürlich auch, dass ich etwas hergebe. Das fällt manchen schwer. Man klammert sich gerne fest an dem, was man hat und kann es nur schwer loslassen. Aber ich kann mir klarmachen: was ich habe, ist nicht mein Verdienst. Ich verdanke es Gott, der mich beschenkt, der mir Verstand und Kräfte gegeben hat. Was ich habe, gehört nicht einfach mir. Darum kann ich auch gut etwas davon weggeben. So kann ich Gott loben und meinem Mitmenschen zu einem menschenwürdigen Leben verhelfen.

16. Haus und Zelt (Totensonntag)

2.Korinther 5,1-10

Menschen können nicht leben ohne Schutz und Dach unter freiem Himmel, in Hitze, Regen und Schnee. Und wenn es keine Häuser sein können, dann wenigstens Notunterkünfte, Hütten, Zelte. Irgendein Dach über dem Kopf muss sein - und wenn es auch schwach und dünn ist. Mensch können dem Leben nicht ungeschützt standhalten. Sie brauchen Hüllen um sich herum, hinter denen sie geborgen und geschützt sind. Oder wenigstens die Illusion haben können, sie wären geborgen und geschützt. So liegen um uns herum viele Hüllen. Unsere Kleidung, unsere Wohnung, unser Bett, unsere Möbel, unser Dorf mit seinen gewohnten Bezügen - Nachbarn, Freunde, Läden, Einrichtungen, alles gibt uns das Gefühl, gegen die unheimliche kalte Welt draußen ein Stück Schutz zu haben. Solche Hüllen sind auch unsere Gewohnheiten und Meinungen, unser Tageslauf, alle Ordnungen, die wir unserem Leben zu geben versuchen. Und in guten Stunden leben wir in dem Gefühl, dies alles sei in Ordnung und gut und dauerhaft.

Paulus sieht das alles skeptischer: Eine Hütte ist das, ein Zelt. Provisorisch aufgebaut soll es für einige Zeit halten, aber dann wird es wieder abgebaut. Ein Zelt ist keine Dauerunterkunft. Es gibt Zeiten im Leben, da werden uns unsere Hüllen genommen. Menschen müssen auf die Flucht und verlieren Haus und Hof und fühlen sich plötzlich schutzlos dem Leben preisgegeben. Auch eine Krankheit kann so ein Weg sein, auf dem uns eine Hülle nach der anderen genommen wird. Das vertraute Haus, die Kleidung, die täglichen Gewohnheiten, alles, was das Leben „normal" gemacht hat. Man ist im Krankenhaus, in einer fremden Umgebung, in Krankenhauskleidung, einem völlig anderen Tageslauf ausgesetzt, an Maschinen angeschlossen. Ja selbst die letzte Hülle, der Körper, gehört einem nicht mehr. Er wird durchleuchtet, gespiegelt, operiert, künstlich ernährt. Das ist, als wenn ein Mensch allmählich entkleidet wird von allen Hüllen, die um ihn her sind. Und schließlich steht er bloß da und hat nichts mehr zwischen sich und einer kalten Welt. Was bleibt denn dann vom Menschen? Ist da noch ein letztes? Und dann nimmt der Tod es auch noch fort. Ein Leben auf Abruf, ein Leben im Zelt.

Aber das ist nicht das letzte Wort, so wie das Zelt nicht die letzte Wohnung ist. Sterben heißt umziehen vom Zelt ins feste Haus. So schreibt es Paulus: Wenn unsere irdische Hütte abgebrochen wird, haben wir einen Bau, von Gott erbaut, ein ewiges Haus im Himmel, das nicht mit Händen gemacht ist. Ein anderes Haus, gebaut aus soliderem Material als das Zelt, die irdische Hütte. Das Haus bei Gott ist gebaut nicht aus Stein oder Holz, es ist gebaut aus Liebe, aus einer Liebe, die bleibt und nicht vergeht.

Kann Liebe ein Haus sein, eine Hülle, ein Ort der Geborgenheit? Wer nur irgend etwas von Liebe je erfahren hat, weiß: genau das ist Liebe. Und das kann man auch heute schon erfahren. Liebe ist die einzige Geborgenheit, die wir in dieser Welt haben. Und das ist sie, weil sie Anteil hat an der Liebe Gottes. Alle Liebe ist Teil einer einzigen, großen, allumfassenden Liebe, die wir Gott nennen. Wo wir Liebe erfahren, erfahren wir zugleich etwas von der Liebe Gottes. Oder man kann auch sagen: Etwas von seinem Geist. Jetzt wird auch deutlicher, was Paulus meint: Gott hat uns als Unterpfand, als Anzahlung sozusagen seinen Geist gegeben. Wenn ich jemandem ein Pfand gebe, bedeutet das: ich verspreche etwas zu tun. Damit der andere mir das auch glaubt, gebe ich ihm ein Pfand oder eine Anzahlung. Das ist noch nicht die Sache selbst, nur ein Teil, aber ein Versprechen, dass die Sache selbst kommt, wenn es an der Zeit ist. So ist die Liebe, die wir heute schon erfahren, ein Unterpfand der größeren Liebe, die uns noch bevorsteht. Ein Zeichen der Hoffnung, damit wir sehen, dass unsere Hoffnung nicht bloß leere Illusion ist. Wenn unsere kleine Liebe heute schon ein Ort der Geborgenheit sein kann, wie viel mehr erst die große Liebe, die uns bevorsteht?

Aber das neue Leben in der Liebe Gottes kommt nicht einfach automatisch hinter unserem Leben her. Unser Leben hier geht nicht einfach in das Leben dort über. Liebe kommt nie automatisch, sie ist immer eine Entscheidung. Sie ist ein neuer Anfang, Die Liebe Gottes fängt noch einmal bei Null an. Darauf warten wir. Wir leben im Glauben und nicht im Schauen, sagt Paulus. Der Glaube ist etwas Vorläufiges, er wird einmal durch das Schauen abgelöst. Aber so lange hat der Glaube seinen Platz und seinen Wert. Er ist keine Illusion, sondern gründet sich auf das Unterpfand: Die Liebe Gottes, die heute schon für uns da ist.

17. Trost

2.Korinther 1,3-7

Ein Baby schreit. Es schreit mit aller Kraft und will gar nicht wieder aufhören. So jammervoll ist das Geschrei, dass schnell jemand gelaufen kommt und es auf den Arm nimmt. Was hat es denn? Tut ihm was weh? Kommt ein Zahn? Tut der Bauch weh? Es muss getröstet werden, auf den Arm genommen, Zuwendung und Wärme spüren. Manchmal dauert es lange, bis es sich beruhigt. Die Eltern mögen wohl seufzen und sagen: So schlimm ist es doch auch nicht. Du kannst nicht schlafen - na und? Das ist doch kein Weltuntergang! Aber genau das ist es für ein kleines Baby: Ein Weltuntergang. Erwachsene wissen Situationen einzuschätzen: Es ist doch jemand im Nachbarzimmer! Und Bauchweh vergeht wieder. Das kleine Kind weiß das nicht. Es steht immer wieder alles auf dem Spiel. Die ganze Weltordnung. Und wenn dann jemand kommt und das Kind auf den Arm nimmt, ist die Welt wieder gerettet. Das ist Trost. Trost bedeutet: Eine zerbrochene Welt wieder heil machen, jedenfalls für einen Augenblick, für eine Umarmung, ein gutes Wort. Auch Erwachsene haben unter zerbrochenen Welten zu leiden: Der Tod eines lieben Menschen, eine gescheitere Beziehung, da geht eine Welt in Scherben. Nur dass Erwachsene dann nicht so laut schreien. Vielleicht wäre es besser, man täte es und verlangte nach Trost, statt trostlos zu bleiben. Manchmal schreit dann der Körper, wehrt sich, wird krank. Und manchmal sagen die anderen: „Stell dich nicht so an, so schlimm ist es doch gar nicht!“ Aber wer will das beurteilen? Wir sagen vielleicht: „Da ist doch gar nichts“ - aber für den anderen ist gerade die Welt zusammengebrochen. Kann man dann jemanden trösten? Lässt sich die zerbrochene Welt so wieder heilen? „Es ist ja alles gut“ sagt die Mutter zum schreienden Kind. Sie weiß natürlich, es ist nicht „alles“ gut, sie kann auch nicht alles „gut“ machen im Leben. Es gibt so viel Leid und Schmerz. Wer tröstet, kann das nur, indem er sich darauf verlässt, dass hinter dieser brüchigen Welt eine unerschütterliche Liebe steht, die wir „Gott“ nennen. Davon ist in den Worten des Paulus die Rede. Wir können andere trösten, weil Gott uns tröstet. Das ist wie eine Kette des Trostes. Paulus selbst hat im Augenblick Leiden zu erdulden. Welche genau wissen wir nicht. Aber die Leute in Korinth, denen er diesen Brief schreibt, die wissen es. Ich erlebe, sagt Paulus, wie Gott mich in meinem Leiden tröstet. Auch im Leiden gibt er mir die Gewissheit, dass mein Leben nicht sinnlos ist. Das geschieht vielleicht, damit ihr dadurch getröstet werdet, wenn ihr leiden müsst. Das erinnert mich an manche Begegnungen, in denen ich so etwas erlebt habe: Wie ein Mensch mit seinem Leiden umgehen kann: Getröstet und versöhnt mit dem Leben und mit Gott. Und das ist für mich selbst sehr wichtig. Ich sehe das mit Bewunderung und merke: So kann man auch mit seinem Leiden umgehen. Das kann mir helfen für mein eigenes Leben. Etwas von der Ruhe, von dem getrösteten Leiden weiterzutragen. Selber zu trösten und einem, dem es schlecht geht zu sagen: Es ist alles gut. Wenigstens für einen Augenblick, einen Händedruck, eine Umarmung. Darf ich so etwas sagen oder durch Gesten ausdrücken?

Wenn wir sagen „es ist alles gut“ sagen wir mehr als wir wissen können. Wir borgen uns das Wort, die Gewissheit in diesem Augenblick. Wir tun das auf Gottes Rechnung. Wer einen anderen tröstet und in den Arm nimmt, vertritt in diesem Augenblick Gott, gibt einen Trost weiter, den wir nicht schaffen können. Damit greifen wir dem Tag vor, an dem wir Gott direkt begegnen werden und Leid und Schmerz für immer vergangen ist. Es wird die Zeit kommen, wo es heißt: Gott wird abwischen alle Tränen von ihren Augen, und der Tod wird nicht mehr sein, noch

Leid noch Geschrei noch Schmerz wird mehr sein; das alles ist dann vergangen. Das dauert noch, aber manchmal bekommt man einen kurzen Augenblick davon jetzt schon geschenkt, als Trost und Hoffnung. Da, wo heute Trost gelingt, leuchtet einen Augenblick das Licht dieser Zukunft auf.

18. Wacht auf

Epheser 5, 8 - 14

Nachts sind alle Katzen grau, sagt man. Und das heißt: Wenn es Nacht ist, sieht man keine Unterschiede, keine Farben und Formen, keine Gestalt. In der Nacht wird alles zu Schatten, unheimlich und fremd. Aber wenn es Licht wird, kriegen die Katzen Farben, da werden sie braun oder rötlich oder schwarz - weiß gefleckt und so vielfältig, wie die Katzen nun einmal sind.

Im Licht wird die Welt bunt und klar, sie bekommt Umrisse und erkennbare Gestalt.

Es gehört für mich zu den eindrucksvollsten Erlebnissen, wie wir früher mit den Kindern zusammen in den Urlaub gestartet sind. Da sind wir mitten in der Nacht losgefahren, so gegen 2 oder 3 Uhr. Dann war es noch ganz dunkel. Von der Welt sah man gerade das, was von den Autoscheinwerfern erhellt wurde, eben ein Stück Autobahn: Alles andere waren nur graue gestaltlose Schatten. Ist das nun ein Haus oder eine Baumgruppe? Ein Berg oder eine Wolke? Und dann - so zwischen 4 und 5 kamen die ersten Farben auf. Man merkte es gar nicht gleich. Auf einmal war da ein Hauch von Grün am Straßenrand, eine Wiese. Der Himmel lief durch alle Farben vom grau zum violett und durch unendlich viele Blautöne. Und dann irgendwann kam der erste rötliche Schein, der die Sonne ankündigt.

Und auf einmal ist man in der vertrauten, gewohnten Welt. Häuser sind Häuser und Bäume sind Bäume. Und nicht nur einfach Bäume: Eichen und Tannen und Buchen.

Das ist der Morgen, wo die Welt Farben bekommt und die Katzen nicht mehr grau sind.

Ihr wart früher Finsternis; nun aber seid ihr Licht in dem Herrn.

Es ist bei ihm alles klar und deutlich. Und wer in sein Licht gerät, wird selber klar und deutlich und erkennbar.

Statt dass wir durchs Dunkel stolpern und uns mit allerlei Schatten herumschlagen und vor allerlei Geräuschen fürchten, sehen wir, was um uns herum geschieht. Wir unterscheiden verschiedene Katzen und verschiedene Menschen und sehen, mit wem wir es zu tun haben.

Aber vielleicht wollen Katzen und Menschen manchmal gar nicht so genau im Licht stehen. Vielleicht mögen sie ganz gern im Dunkel bleiben, wo man nicht zu erkennen ist und leicht verwechselt werden kann. Wo einem keiner auf die Finger sieht und man allerhand tun kann, was im Licht nicht möglich wäre. Hinterher kann man immer noch sagen: ich war es nicht.

Paulus schreibt: *habt nicht Gemeinschaft mit den unfruchtbaren Werken der Finsternis; deckt sie vielmehr auf.*

Denn was von ihnen heimlich getan wird, davon auch nur zu reden ist schändlich.

Das alles aber wird offenbar, wenn's vom Licht aufgedeckt wird.

Licht kann auch wehtun, wenn es hell in alle Winkel strahlt. Man kann die Augen auch zumachen und das Licht nicht sehen wollen. Das Licht aussperren aus seinem Leben. Die Fenster verriegeln und im selbstgewählten Grau leben.

Aber damit sperrt man das Leben aus.

Wach auf, der du schläfst, und steh auf von den Toten, so wird dich Christus erleuchten. Es gibt Menschen, die scheinen immer zu schlafen. Die möchte man manchmal nehmen und schütteln und sagen: Mensch, wach doch auf!

Sicher, Menschen brauchen den Schlaf und den Traum, den Rückzug in die andere, die eigene Welt. Wer nicht schläft, wird krank. Und wer nicht träumt, wohl auch. Aber wer immer nur schläft, verpasst das Leben. Wer immer nur träumt, entfernt sich von den anderen Menschen.

Wer schläft und träumt, lebt in einer eigenen Welt. Einen Traum kann jeder nur für sich allein haben. Eine in sich abgeschlossene Welt, in die kein anderer eindringen kann. Die eigenen Wünsche und Ängste beherrschen alles. Nur nach ihnen richtet sich der Traum. So ist es mit Menschen, die ihr Leben verträumen und verschlafen. Sie leben in einer eigenen Welt ihrer Wünsche und Ängste, in Dämmerung und Grau. Es scheint, dass Träume kaum Farben kennen. Untersuchungen haben ergeben, dass wir weitgehend Schwarzweiß träumen. Wer in Schlaf und Traum zu versinken droht, muss gerüttelt werden: Mensch, wach auf!

Sie haben vielleicht alle schon einmal erfahren, wie das ist, wenn man tief geschlafen hat und wachgerüttelt wird. Vielleicht, weil man im Schlaf unruhig gewesen ist oder geschrieen hat. Und dann der Umschlag vom Träumen zum Wachsein, der Augenblick des Aufwachens. Da gibt es Träume, auch Alpträume, die erfüllen uns so sehr, dass wir einen Augenblick brauchen, um zu entscheiden, welche der beiden Welten nun die richtige ist . Ich habe etwas Schreckliches geträumt - und dann geht mir auf: Gott sei Dank, es war nur ein Traum.

Ich denke, dass christlicher Glaube etwas mit so einem Umschlag der Welten zu tun hat. Dass man sich mit Ärger und Verzweiflung und Depression herumgeschlagen hat, mit mühseligen Anstrengungen und immer neuem Versagen - und dann heißt es. Mensch, wach auf! und dann auf einmal steht alles in einem anderen, neuen Licht. Die Welt hat sich verändert. Das Gebundensein in eigene Ängste und Wünsche ist abgefallen, ich bin frei. Ich bin der richtigen, wahren Welt, der Welt im Lichte Gottes. Die hat auch ihre Probleme, aber keine selbstgemachten, eingebildeten, geträumten, sondern Probleme, die man sehen, verstehen und angehen kann. Um dies Aufwachen geht es. Es ist, als wenn Paulus uns an der Schulter packen und rütteln wollte, wenn er sagt *: „Wach auf, der du schläfst. Steh auf von den Toten."*

Tod und Schlaf haben viel gemeinsam. „Tod, du Schlafes Bruder" heißt es in einem Gedicht. Sie haben gemeinsam, dass jemand aus der gemeinsamen Welt, der Welt im Licht, herausgenommen ist. Schlafen kann schön sein, aber immer nur Schlafen ist der Tod. Wer so seiner Eigenwelt hingegeben ist, nur seinen Fantasien und Ängsten und Wünschen lebt, verfehlt sein Leben - und kann auch nicht mit anderen in Kontakt treten, kann sich nicht verständlich machen, kann nicht lieben. Er kann nicht schenken, nichts hervorbringen. *„Die Frucht des Lichtes ist lauter Güte und*

Gerechtigkeit und Wahrheit" schreibt Paulus. Wer sein Leben verschläft, kann nichts davon hervorbringen, höchstens die unfruchtbaren Werke der Finsternis.

Wer träumt, weiß meistens im Traum nicht, dass er träumt. Für den Träumer ist sein Traum wirklich. Wenn uns jemand im Traum sagte, wir sollten aufwachen, würden wir das gar nicht verstehen. So ist das mit Menschen, die ihr Leben verschlafen, oft auch. Es nützt dann wenig, ihnen zuzureden. Sie können sich aus eigener Kraft nicht von ihren Illusionen lösen. Der Mensch kann nicht nach eigenem Willen zwischen Traum und Wachsein wechseln. Weder liegt es in seiner Macht, zu träumen - noch liegt es in seiner Macht aufzuwachen. Der Augenblick des Aufwachens ist für uns selbst überraschend. Wer träumt, kann sich nicht plötzlich zwingen, aufzuwachen - er weiß ja nicht, dass er schläft. Nur wenn uns jemand wachrüttelt, verlässt uns der Alptraum. Es muss jemand von außen kommen, um uns aufzuwecken. *Wach auf, der du schläfst, steh auf von den Toten, so wird dich Christus erleuchten.* Christus ist der, der uns wachrüttelt. Gott hat nicht zugesehen, wie die Menschheit sich in ihren schlechten Träumen wälzte, Angst hatte, litt, um sich schlug. Er hat Christus in die Alptraumwelt geschickt, damit sie wachgerüttelt werden aus der Finsternis ihrer Träume und erleuchtet werden von Gottes Licht und die Welt sehen, wie sie ist.

Nachts sind alle Katzen grau. Aber Gottes Morgen kommt. Seine Sonne geht über uns auf - und Katzen und Menschen bekommen Farbe und werden erkennbar. Es ist das Licht seiner Liebe - und im Licht dieser Liebe sind wir erkannt. In diesem Licht können wir leben und frei atmen, offen sein und offen miteinander umgehen.

19. Das Licht im Eimer und auf dem Leuchter (Im Zelt zum Schützenfest)

Matthäus 5, 14 - 16

Sein Licht unter den Scheffel stellen - das ist schon ein Sprichwort geworden. Ein Scheffel, das war eine Art Eimer, ein Getreidemaß. Ein Eimer also. Wer würde das schon tun - ein Kerze anmachen und dann einen Eimer drüber stülpen? Das wäre Unsinn - keiner sieht die Kerze dann.

Wer macht so etwas? Ihr, sagt Jesus. Ihr habt ein wunderbares, helles Licht - und ihr versteckt es. Ihr habt einen Glauben, ihr habt eine Hoffnung - und ihr versteckt das, als wenn es etwas Peinliches wäre. Über christlichen Glauben redet man nicht, da macht man einen ängstlichen Bogen darum. Da sagt keiner, was er glaubt. Dann ist der Glaube im Eimer. Von Zeit zu Zeit kann man ja nachsehen, ob er noch da ist. Aber vielleicht ist auch schon alles duster.

Wer macht denn so was? Seinen Glauben verstecken? Da hat man etwas ganz Großes und Wunderbares - und tut, als müsste man sich dafür schämen. Ein Licht unter dem Scheffel - ein Licht, das nicht scheint und das darum auch nichts bewirkt, nichts ändert und nichts erhellt.

Etwas, das die Welt nötig braucht. Da heißt es immer: man muss der Jugend Werte vermitteln. Wenn wieder solche Geschichten in die Zeitung kommen von Jugendgewalt auf unseren Schulhöfen und Straßen, von Egoismus, mangelnder Hilfsbereitschaft, Flucht in Drogen und Alkohol.

Und wenn man dann nicht nur nach Strafen ruft, heißt es: Der Jugend müssen wieder Werte vermittelt werden. Welche denn? Und wo sollen sie auf einmal herkommen? Wer soll da plötzlich Werte aus der Tasche zaubern?

Aber das ist gar nicht nötig. Ihr habt sie doch. Seit langer Zeit werden diese Werte weitergegeben: Nächstenliebe, Gewaltlosigkeit, Respekt - eine ganzes Bild vom Menschen als Bild Gottes. Man muss nur die Bibel aufschlagen, da stehen die richtigen Sätze und überzeugenden Beispiele. Man müsste sich mal zusammensetzen und das alles durchgehen - da hätte alles, was man braucht.

Das kann gar nicht früh genug anfangen mit dem Werte vermitteln. Im Elternhaus, im Kindergarten. Noch vor nicht langer Zeit gab es immer mal Eltern, die nicht wollten, dass christliche Werte im Kindergarten vorkommen. Soll man im Kindergarten den Kindern nicht die Weihnachtsgeschichte erzählen dürfen? Oder erklären, warum Ostern gefeiert wird? Sollen unsere Kinder mit Weihnachtsmann und Osterhase groß werden und davon ihre Werte lernen? Sollen sie von denen Glaube, Hoffnung und Liebe vermittelt bekommen? Unsere Kinder sollen sich später entscheiden, sagen manche. Das können sie ja auch. Aber dann ist es schon ziemlich spät. Wie soll man sich für etwas entscheiden, wovon man in den entscheidenden Jahren des Lebens nichts gehört hat?

Nun sieht das auch die Landesregierung so und tritt dafür ein, dass christliche Themen in den Kindergärten vorkommen.

Und da heute Schützenfest gefeiert wird, will ich noch hinzufügen: Ich glaube, dass auch die Vereine eine wichtige Rolle dabei spielen, Werte weiterzugeben. Dass wir heute einen gemeinsamen Gottesdienst feiern, zeigt ja doch, dass wir hier gemeinsam an einem Strang ziehen wollen. Wenn Kinder und Jugendliche hier bei uns in unserem Dorf Rücksicht, Toleranz, Friedfertigkeit, Hilfsbereitschaft kennen lernen sollen, vom wem denn dann als von uns?

Das Licht soll nicht unter den Eimer, sondern auf den Leuchter. Wenn wir ein Kind taufen, schenken wir ihm eine Taufkerze. Und sagen: Nehmt diese Kerze als Zeichen für das Licht in der Welt. Und dieses Licht habt ihr auch mitbekommen. Stellt es auf den Leuchter, lasst es leuchten, wo immer es finster ist in dieser Welt.

Stellt euer Licht auf den Leuchter, damit andere es sehen.

Aber habe ich wirklich genug Licht, um für andere zu leuchten? Habe ich etwas, das ich an andere, etwa an Kinder weitergeben kann - an Einsicht und Werten und Glauben?

Manche resignieren da und sagen: Ich habe gar nichts, was ich anderen weitergeben kann. Vielleicht haben sie ihr Licht so lange unter den Scheffel gestellt, bis sie es selbst nicht mehr finden können.

Und auch wenn man es versucht - hört mir wohl einer zu? Das ist manchmal die Sorge von älteren Menschen, die sagen: Auf uns hört ja keiner. Unsere Lebenserfahrung und Glaubenserfahrung interessiert keinen. Die Kinder und die Enkel haben ganz andere Dinge im Kopf. Wie soll ich da Werte weitergeben? Mit denen ist gar nicht zu reden.

Vielleicht geht es auch gar nicht so sehr um das Reden. Das Licht redet ja auch nicht, es leuchtet. Das Licht redet nicht vom Licht, es ist Licht.

Kinder brauchen nicht in erster Linie jemanden, der schön reden kann. Sie brauchen jemanden, der glaubwürdig und verlässlich ist. Jemand, der sich mit ihnen auch auseinandersetzt, ihnen auch Grenzen deutlich macht. Wenn wir wollen, dass bei uns Gewalt und Hass keinen Platz hat, dann erreichen wir das nur dadurch, dass wir Toleranz und Frieden und Offenheit vorleben. Wenn wir zeigen, wie das geht: Freundlich und achtsam und respektvoll miteinander umgehen. Dann steht etwas von dem Licht auf dem Leuchter, und das wird nicht ohne Wirkung bleiben.

20. Freiheit

Römer 6,19-23

Es gibt unter den Menschen eine große Sehnsucht nach Freiheit. Und das ist gut. Das gehört zum Menschsein. Dazu soll uns mit den Gedanken des Bibeltextes geholfen werden. Damit wir auch wirklich bei der Freiheit ankommen. Damit wir uns nicht durch alle möglichen Versprechungen einfangen lassen, die uns Freiheit versprechen, uns aber nur insgeheim abhängig machen. Freiheit, was ist das? Dass man machen kann, was man will, sich ausleben und austoben? So scheint es heute.

Man hat für unsere Zeit den Begriff „Erlebnisgesellschaft" gefunden. Das heißt: Es muss immer was los sein, starke Gefühle, Nervenkitzel, Sensationen sind gefragt. Spaß muss her, um jeden Preis. Nur so kann man sich vergewissern, dass man lebt. Alltag, Schule, Arbeit, das ist langweilig. Und man braucht immer stärkere Anreize, damit noch etwas ankommt. Lauter muss es sein, krasser muss es sein, die Gewaltfilme härter, normale Morde kennt man schon.

„Wir amüsieren uns zu Tode" - mit diesem Titel hat ein amerikanischer Autor seine Kritik an der Erlebnisgesellschaft beschrieben. Und was auf den ersten Blick als Freiheit erscheint - man kann ja alles haben und alles machen - erscheint auf den zweiten Blick als Abhängigkeit, als Sucht.

Paulus hat etwas anderes im Sinn, wenn er von Freiheit redet. Freiheit ist kein leerer Raum, Freiheit ist ein Raum, den Gott uns eröffnet. Die „Erlebnisgesellschaft" kann gerade ein Gefängnis sein, wo wir gefangen waren und gehalten wurden in

Abhängigkeit und Sucht, festgehalten von dem süßen Gift, das uns benommen macht und einduselt und volldröhnt und nicht zu uns selbst kommen lässt. Gott hat die Tür eingeschlagen und uns da herausgeholt. Wir sind nicht mehr abhängig. Wir haben einen neuen Raum um uns, einen Raum zum Leben. Der Raum ist nicht leer, er ist erfüllt von Gottes Licht und Luft. Wir können atmen und frei sein. Und nun? Wie benommen stehen wir plötzlich im Freien, vor uns das Leben. Es ist eine geschenkte Freiheit, keine, die wir uns selbst erobert hätten. Gott hat uns die Gefängnistür aufgemacht.

Anders geht es auch nicht. Menschen möchten sich manchmal die Freiheit gerne selbst erobern, sie sich nicht schenken lassen. Sich selbst befreien aus Verhältnissen, die sie als beengend empfinden. Eine Ehe etwa, wo ein Teil sich eingeengt fühlt und zu kurz kommt und dann aus der Ehe ausbrechen möchte und sich selbst verwirklichen möchte und eine neue Freiheit ausleben. Aber irgendwann zeigt sich, dass die neue Beziehung, die man gefunden hat, genauso einengend ist - man hat im gleichen Gefängnis nur die Zelle gewechselt. Da gibt es Jugendliche, die das Leben zu Hause muffig und eng finden und abhauen möchten und ihr eigenes Leben leben. Aber auch das neue Leben, die neue Freiheit ist bald wieder eng und bedrängend, man kommt in neue Abhängigkeiten, man müsste eigentlich wieder ausbrechen. Aber wohin? Auch wenn man die Zelle neu tapeziert, bleibt das Gefängnis. Das kommt daher, dass jeder sein Gefängnis mit sich herumträgt. Jeder ist in gewisser Weise sein eigenes Gefängnis. Man nimmt sich selbst immer mit. Darum gehen so viele Ausbrüche schief. Freiheit ist noch etwas anderes.

Es ist genau umgekehrt wie im landläufigen Vorurteil: Als wäre christlicher Glaube dazu da, die Freiheit des Menschen zu beschneiden, indem ihm nun gesagt wird, was er alles nicht darf. So ist zwar christlicher Glaube oft verstanden und vermittelt worden - als eine Liste von Verboten. Christen dürfen dies nicht und dürfen das nicht. Aber das ist ein Zerrbild. Ein solches Christentum entspringt nicht der Freiheit, sondern der Angst.

Glaube gehört in den weiten Raum, in die Freiheit. Alles gehört euch, sagt Paulus, ihr aber gehört Christus. Das ist der Kern der Sache. Alles gehört euch, und ihr gehört nur Christus, es kann nichts auf der Welt sonst Ansprüche auf euch erheben. Wer kommt und will euch einfangen und abhängig machen, hat das Nachsehen. Nun könnt ihr im Raum der Freiheit leben. Aber wie sieht das aus? Geschichten von Menschen, die Freiheit gesucht und nicht gefunden haben, kann man eine Menge erzählen. Geschichten von Scheitern und geplatzten Illusionen, von spektakulären Ausbrüchen, von Flucht, von Streit und manchmal auch vom Tod.. Aber Geschichten von gefundener Freiheit? Geschichten von der Freiheit sind viel einfacher. Man kann mit Gott frei sein da, wo man ist. Es braucht oft gar keine spektakulären Aktionen. Darum ist es schwierig mit Beispielgeschichten für die wahre Freiheit. Die nimmt sich manchmal ziemlich schlicht und alltäglich aus. Vielleicht kann man sagen: Die alltägliche Form der Freiheit ist die Liebe. Der Raum der Freiheit ist nicht leer, er ist von der Liebe erfüllt. Die Liebe ist frei, das Richtige und Nötige zu tun. Sie muss sich nicht aufspielen, sie muss sich nicht vor anderen beweisen. Sie setzt das große Geschenk der Freiheit in kleine, einfache Schritte um. Frei zur Liebe - weil Gott uns in seiner Liebe frei gemacht hat.

21. Gott lässt keinen leer ausgehen

Matthäus 20, 1 - 16

Was ist das Leben wert? Und genauer: was ist mein Leben wert? Wenn ich mich das frage, komme ich leicht in ein großes Vergleichen und Abschätzen. Tue ich mehr als jemand anders? Leiste ich Besseres?

Wie wird das eigentlich festgestellt, was ein Leben wert ist?

Jesus entwirft als Antwort eine große Szene. Da wird abgerechnet am Abend eines langen Tages. Es wird der Lohn ausgezahlt. Und nun stehen sie alle in großen Reihen an. Und sie haben alle ganz verschiedene Voraussetzungen gehabt für diesen Arbeitstag. Mancher hat den ganzen Tag Arbeit gehabt, hat ordentlich etwas geschafft, hat etwas vorzuweisen. Ein anderer hat nur wenig noch tun können, gerade mal eine Stunde. Da wird wohl nicht viel herausgekommen sein, zu wenig zum Leben. So rücken sie allmählich vor in der Reihe. Und da vorne irgendwo wird die Abrechnung gemacht und der Lohn ausgezahlt.

Da stehen sie in der Reihe, Menschen mit den unterschiedlichsten Voraussetzungen. Der Nobelpreisträger und der Obdachlose, der Filmstar und die Frau aus der Wellblechhütte. Sie alle sollen ihren Lohn bekommen für den langen Tag ihres Lebens.

Sie haben unter verschiedene Arbeitsbedingungen antreten müssen, die sie nicht zu verantworten hatten. Sie standen alle auf dem Markt, im großen Wartezimmer des Lebens. Und der eine wurde gleich engagiert und der andere blieb zurück und wartete vergeblich. Der eine bekam seine Chance und der andere ging leer aus. So ist das im Leben. Keiner kann etwas dafür, wo er geboren ist und unter welchen Bedingungen er aufwachsen kann und welche Möglichkeiten ihm geboten werden an Geld und Ausbildung und Arbeit. Die einen kriegen einen Start in ein erfülltes Leben geboten, die anderen nicht.

Der eine hat die Chance, etwas Bedeutendes für die Welt zu leisten, der andere muss froh sein, wenn er sein Leben irgendwie fristen kann.

Der Name des einen wird gespeichert in den Geschichtsbüchern, der Name des anderen schnell vergessen.

Und irgendwie zur Kenntnis genommen möchte man doch werden, dass sich zumindest eine Zeit lang jemand den Namen merkt. Und wenn nicht im Geschichtsbuch, so doch in den Illustrierten. Als der Mann, der die größte Bratwurst der Welt herstellte - oder die Frau, die auf dem Prominenten - Ball das Kleid mit dem wenigsten Stoff trug. Irgend etwas tun, was einem Aufmerksamkeit schafft, wo man sagen kann: Hier habe ich etwas geleistet, das bemerkt und anerkannt wird.

Nur nicht einfach so in der Reihe stehen ohne etwas in der Hand.

So rücken sie langsam vor. Mancher trägt seine Leistungen mit sich - Urkunden und Diplome, Zeitungsausschnitte oder Hochglanzfotos oder Bilanzen und Kontoauszüge. Und mancher trägt nichts.

Und dann kommen sie an den Tisch, der vorne aufgebaut ist. Und da steht einer und teilt den Lohn aus und überreicht freundlich lächelnd jedem ein Silberstück. Jedem das gleiche. Der Nobelpreisträger und die Frau aus der Hütte, der Star und der Obdachlose, bekommen jeder ihr Silberstück.

Ist das gerecht? Ist ihr Leben gleich viel wert? Das Leben des Forschers, der die Welt veränderte - und das Leben der Frau, die nicht einmal ihr eigenes Leben verändern konnte?

Wer will das beurteilen? Vielleicht hat die Frau in der Wellblechhütte mehr geleistet, indem sie nur ihre Kinder am Leben erhielt? Wie viel Kraft hat sie aufgebracht, wie viel Verzweiflung heruntergeschluckt, wie oft den Rücken krumm gemacht. Sie hat es geschafft - und kein Guinness - Buch der Rekorde hat es verzeichnet.

Und nun heißt es: Nimm dein Silberstück. Es ist alles gut. Dein Leben hat seinen Sinn, der ist nicht verloren. Dein Leben ist angenommen und anerkannt bei Gott wie das der anderen auch.

Ist das das letzte Gericht? Kein Blitz und Donner, keine Pauken und Trompeten, keine Bücher der guten und bösen Taten, kein Feuer, keine Hölle? Nur ein Silberstück für jeden. Es ist alles gut.

Aber doch nicht so ganz. Die Geschichte hat noch ein Nachspiel: Der Protest der angeblich zu kurz Gekommenen. Das sind die, die doch ihre Leistungsnachweise hochhalten, die sie gar nicht vorzeigen mussten. Und die nun empört sind, dass sie nicht mehr bekommen als der Penner vor ihnen. »Pfui« rufen sie und »Schiebung!« und »Wir wollen unser Geld!«. Eine spontane Protestdemo vor Gottes Thron. Wäre da nicht doch etwas Blitz und Donner angebracht? Aber nein, Gott bespricht die Sache in aller Ruhe mit einem Unzufriedenen. Er nimmt ihn beiseite, sie gehen ein paar Schritte zusammen. »So«, sagt Gott, nun erzähl mal, was regt dich denn so auf?«

»Na, das ist doch klar«, sagt der Andere. »Ich habe mein Leben lang gearbeitet, ein Haus gebaut mit viel Eigenleistung, jedes Wochenende auf der Baustelle und keinen Urlaub. Ich habe mich weitergebildet und bin im Betrieb aufgestiegen und habe mein Teil getan, damit die Firma erfolgreich war. Und habe meinen Kindern eine anständige Berufsausbildung ermöglicht. Und meinen Nachbarn habe ich oft genug geholfen. Immer, wenn was zu tun war, kamen die zu mir.« » Ja und?« sagt Gott, »das ist doch gut. Worüber beschwerst du dich nun?« »Dass ich nicht mehr dafür gekriegt habe!« sagt der Andere. »Wieso denn mehr?« sagt Gott erstaunt. »Du hast ein Silberstück gekriegt, dein Leben ist anerkannt und angenommen. Es ist doch alles in Ordnung.« »In Ordnung?« sagt der andere. »Ist das in Ordnung, wo der Penner in der Reihe vor mir doch auch ein Silberstück gekriegt hat? Und der hat nichts geleistet, der hat sein Leben versoffen und hat noch beim jüngsten Gericht eine Schnapsfahne. Und der kriegt auch ein Silberstück? Mit dem werde ich auf eine Stufe gestellt?« »Ja«, sagt Gott, »mit dem wirst du auf eine Stufe gestellt.« »Aber der hat nichts geleistet und nicht geschafft, nicht für sich und nicht für andere!« sagt der Mann. »Woher willst du das wissen?« fragt Gott, »kennst du denn sein Leben? Kennst du es so genau wie ich?« »Und es ist doch ungerecht!« murmelt der Mann. Gott sieht ihn einen Augenblick nachdenklich an. »Weißt du«, sagt er, » wir veranstalten hier kein Gericht. Ich jedenfalls veranstalte keins. Und ich will auch nicht, dass du hier den Richter spielst. Ich erkenne sein Leben an und deins auch. Dir geschieht kein Unrecht. Lass es gut sein, nimm dein Silberstück.«

Was ist ein Leben wert? Meins und deins? Gott sei Dank ist das keine Frage. Gott lässt ein Silberstück springen für jeden von uns, reichlich, mehr als genug. Ich muss ihm den Wert meines Lebens nicht beweisen - und auch mir selbst nicht und niemandem sonst. Das ist schon abgemacht. Und damit sind Kopf und Herz frei für wichtigere Dinge. Schlicht und einfach das Nötige tun. Ohne auf einen Bonus zu schielen. Und wo ich mit Menschen zu tun habe, wissen: Die stehen auch auf Gottes Gehaltsliste. Die arbeiten wie ich im Weinberg, mehr oder weniger. Und am Ende gibts ein Silberstück für uns alle.

22. Jesus heilt einen Blinden

Markus 8,22-26

Warum ist einer blind? Warum ich? Mag sich der Blinde fragen. Warum hat es mich getroffen und nicht irgendwen sonst? Ist das eine Strafe? Aber wofür? Ich kann doch nichts dafür. Als Kind ist er damals krank geworden, die Augen entzündet und rot, die Welt nur noch wie unter einem Schleier sichtbar, immer blasser, das Gesichtsfeld immer kleiner, dann nichts mehr, ein eintöniges Grau. Eine Strafe wofür? Oder sind die Eltern damals gestraft worden mit einem blinden Kind? Gibt es da geheime Zusammenhänge mit Schicksal und Schuld? Und Nachdenken über Gott. Kann Gott denn das wollen? Oder was hat er gegen mich?

Der Blinde denkt immer wieder darüber nach. Morgens wacht er oft ganz früh auf. Dann ist es noch still im Haus und die Gedanken kommen: Das ist nun mein Leben. Und so wird es weitergehen bis ans Ende.

Dann erwacht das Haus. Schritte, das Klappern von Töpfen, die Stimmen von Vater und Mutter und Bruder, die sich leise unterhalten. Ein ganz normaler Tag. Und er weiß noch nicht, dass es der entscheidende Tag seines Lebens werden wird: Er wird Jesus begegnen. Frühstück. Man drückt ihm ein Stück Brot und einen Becher mit Wasser in die Hand. Dann den Kittel anziehen, den Stock nehmen, die Bettelschale. Das ist seine Arbeit: betteln. Betteln ist damals nichts Ehrenrühriges. Es ist die Arbeit, die ein Blinder tun kann. Betteln ist keine Belästigung. Einem Blinden etwas geben ist ein gutes Werk. Indem er bettelt, gibt er anderen die Gelegenheit, Gutes zu tun. So kann man an der Straßenecke sitzen und hat viel Zeit. Auch zum Nachdenken. Man hört die Geräusche der Straße, die Schritte, abgerissene Worte, das Klappern der Hufe. Man riecht die Gerüche des Dorfes: den Rauch der Herdfeuer, Essensdünste, Gestank von Abfall und Müll. Aber dabei muss man auch arbeiten, auf sich aufmerksam machen, von allein gibt keiner was. Also rufen, bitten, einen einförmigen Singsang immer wiederholen. Gebt einem armen Blinden, gebt einem armen Blinden. Und danke sagen, wenn etwas in die Bettelschale fällt. So sitzt er und weiß immer noch nicht, dass dies der entscheidende Tag seines Lebens sein wird,

denn er wird Jesus begegnen.
Da kommen sie plötzlich gelaufen – der Bruder, die Mutter, ein Freund. Los komm, da soll gleich einer kommen, der kann was. Der kann vielleicht sogar Blinde heilen. Jesus heißt er. Komm schnell, man sagt, er kommt auf der großen Straße. Wenn wir uns beeilen, treffen wir ihn noch. Sie helfen ihm hoch. Er ist sich nicht sicher, ob er mitgehen soll. Sie meinen es so gut. Sie machen sich immer Sorgen. Und zu manchem Heilkundigen oder Wundertäter haben sie ihn schon geschleppt – voller Hoffnung, dass doch einer das richtige Mittel weiß. Und dann jedes Mal die Enttäuschung: es hat nichts geholfen. Und jedes Mal dieser Stich im Herzen, wenn wieder eine Hoffnung dahin ist. Vielleicht besser, man macht so etwas gar nicht, findet sich ab und lebt einfach so weiter. Vielleicht soll man auch nicht so viel darüber nachdenken, das macht nur schwermütig. Aber sie ziehen und zerren an ihm und er will sie nicht enttäuschen. So geht er mit und weiß nicht, dass dies der entscheidende Tag seines Lebens ist, denn er wird Jesus begegnen.
Sie führen ihn, sie schieben ihn, er merkt ihre Ungeduld. Es ist doch auch ein gutes Gefühl: da machen sich Leute Sorgen um ihn, wollen ihm helfen, er bedeutet ihnen etwas. Er kennt den Weg, es geht aus dem Dorf heraus durch die Felder zur großen Landstraße. Da soll Jesus vorbeikommen. Sie warten. In der Ferne hört man Stimmen murmeln, die allmählich näher kommen. Schritte, eine Menschenmenge. Und dann beginnen Bruder und Mutter und Freund zu rufen, jetzt sind sie es, die betteln. Hier, Herr, sieh hier, ein Blinder. Hilf, Herr, du kannst helfen. Die Schritte stocken. Einen Augenblick gespannte Stille, dann eine Hand, die seinen Kopf berührt, über die Augen streicht – und etwas Feuchtes auf seinen Augen. Die Umstehenden sind verwundert. Was tut Jesus da? Speichel auf die Augen? Der Blinde spürt nur die Berührung. Die Hand auf seinem Gesicht, etwas Kühles, Feuchtes auf den Augen. Nicht der Aufwand, den die Wunderdoktoren machen. Keine langen Beschwörungen und Gesänge, keine bitteren Tränke, kein schmerzhaftes Herumdrücken an den Augen. Keine Geldforderungen. Hier ist einer, der ist bloß da, der berührt ganz sacht. Das ist genug. Nun liegen die Hände still auf seinen Augen. Dann werden sie

weggenommen und eine Stimme fragt: Siehst du etwas? Und wahrhaftig, da regt es sich, da sind Umrisse im Nebel. Menschen ja, aber unscharf, wie Bäume. Und noch einmal die Hände auf den Augen. Das fühlt sich gut an, diesen Händen kann man vertrauen. Und dann wieder: Was siehst du jetzt? Und dann ist alles da: Die Bäume, die Felder, die Menschen, Bruder und Mutter und Freund – und auch der Fremde ist da, der Mann, der ihn geheilt hat. Der nun Sehende sieht Jesus an – und Jesus sieht ihn an. Das ist der Augenblick, der sein Leben verändert. Etwas ganz tief in ihm geschieht. Und dass er nun sehen kann, ist nur ein Teil davon, der nach außen sichtbare. Aber es geschieht viel mehr. Die dunklen Gedanken verschwinden. Die Suche nach Schuld und Schicksal. Bin ich von Gott gestraft? Nein, ich bin von Gott geliebt. Und auch als ich blind war, war ich sein Kind. Keine Schuld, keine Strafe. Unerwartet und plötzlich ist er Gott begegnet mitten in seinem Leben. Geh nicht ins Dorf, geh gleich nach Hause, sagt Jesus. Nicht ins Dorf, damit keine Sensation daraus gemacht wird, kein großes Geschrei. Was da geschehen ist, geht nur die beiden an, Jesus und den Geheilten. So ein Tag – und wie anders wird der Abend, als der Morgen gewesen war. Siehst du, und so kann es Dir auch gehen. Du fängst einen ganz normalen Tag an und denkst an nichts weiter – aber dann wird es der Tag, wo dir Gott begegnet. Kann heute sein oder vielleicht morgen. Nicht immer mit einer Heilung – es bleibt ja auch manche Blindheit ungeheilt. Vielleicht soll auch etwas anderes geheilt werden, Deine Seele, oder eine Beziehung vielleicht. Etwas, das Dich krank macht, bedrückt und belastet. Und wie geschieht das, dass Gott uns begegnet? Vielleicht genügt es schon, so eine Geschichte zu hören und mitzunehmen. So wie diese. Gott begegnet uns oft in Geschichten, die uns berühren und bewegen. Aber vielleicht wird es auch ganz anders. Gott findet seinen Weg, wenn er sich mit uns treffen will, sogar bei Leuten, die ihre Tür extra verschließen und verriegeln. Und wenn Du morgens aufstehst, kannst Du denken: Wer weiß, vielleicht ist heute der Tag, an dem mir Gott begegnen will – und Augen und Ohren offen halten.

23. Wem gehören wir?

Matthäus 22, 15 - 22

Soll man Steuern zahlen oder nicht? Eine merkwürdige Frage. Dass man Steuern zahlen muss, ist eigentlich jedem von uns klar. Die Frage ist höchstens: Wie viel? Und da freut sich jeder, wenn es nicht allzu viel ist. Ein ganzes Gewerbe von Steuerberatern trägt ja dazu bei. Aber wer würde das Steuernzahlen als solches ernsthaft in Frage stellen?

Die Leute, die hier zu Jesus kommen, tun das. Sie fragen: „Ist es recht, dem Kaiser Steuern zu zahlen?" Sie fragen in der Absicht, Jesus eine Falle zu stellen. Zur Antwort lässt sich Jesus eine Steuermünze geben und fragt: was ist darauf zu sehen? Also muss das Aussehen der Münze bereits die Antwort auf die Frage enthalten.

Es handelt sich um einen römischen Silberdenar, das Markstück der damaligen Zeit. Auf der einen Seite ein Kopf, das Bild des damals regierenden Kaisers Tiberius. Die Inschrift rund um den Kopf lautet: „**Tiberius, Kaiser, des göttlichen Augustus erhabener Sohn**."

Diese Münze ist kein harmloses Stück Metall, es ist das Bild eines Gottessohnes, eine feierliche Darstellung seines Anspruchs.

Dieses Geldstück hat einen besonderen Geruch. Es stinkt nach Größenwahn und Machtrausch und Gewalt. Es stinkt nach dem gotteslästerlichen Anspruch, der dahinter steht.

Es geht hier gar nicht um das Steuernzahlen in unserem Sinn, es geht um diesen Anspruch, der hinter dem Geld steht.

Man darf sich nicht vorstellen, der Kaiser hätte mit diesen Steuergeldern Straßen gebaut oder Schulen gegründet oder Krankenhäuser gebaut. Die Steuergelder gingen nach Rom. Und dort wurde die verschwenderische Hofhaltung des Kaisers bezahlt. Und der Sold für die römischen Soldaten, die das Volk unterdrücken sollten. Indem man dem Kaiser Steuern zahlte, finanzierte man die eigene Unterdrückung.

Jetzt ist auch deutlicher, warum die Frage an Jesus eine Falle ist. Wie auch Jesus antwortet, er macht sich in jedem Fall unmöglich. Sagt er: „Nein, man darf keine

Steuern zahlen", dann kann man ihn bei den Römern anzeigen. Und dann würden die Römer ihn einsperren. Oder Jesus sagt: „Ja, man soll Steuern an die Römer zahlen". Dann können die Pharisäer im ganzen Land erzählen, dass Jesus zur Zusammenarbeit mit der gottlosen, feindlichen Besatzungsmacht bereit ist. Wie es Jesus macht, ist er dran.

Aber Jesus geht ganz anders an die Frage heran. Er lässt sich von den Gegnern eine Münze zeigen. Jesus hat nämlich keine in der Tasche. Aber seine Gegner haben römisches Geld. Schon das entlarvt ihre ganze Frage als Heuchelei. Jesus fasst alles zusammen in dem Satz: *Gebt dem Kaiser, was dem Kaiser gehört - und Gott, was Gott gehört.*

Gebt dem Kaiser, was dem Kaiser gehört - und Gott, was Gott gehört. Heißt das: Wir sollen die Welt aufteilen zwischen Gott und dem Kaiser? So dass dem Kaiser die irdischen Angelegenheiten gehören und Gott der Himmel? Man hat wirklich oft dieses Wort so verstanden: In allen äußeren Angelegenheiten hat der Kaiser zu bestimmen, nur was die Seele und den Himmel angeht, ist Gott zuständig. Wenn man versucht, auf diese Weise zwischen Kaiser und Gott zu teilen, merkt man, dass der Kaiser einen immer größeren Appetit hat. Er will immer mehr haben, während Gott immer weiter in eine blasse Innerlichkeit abgeschoben wird. Da diktiert der Kaiser, was Menschen zu tun haben, und Gott ist nur noch da für ein paar gefühlvolle Stunden hin und wieder - an Weihnachten vielleicht. Und am Ende will der Kaiser auch die Herzen der Menschen, ihre Gefühle, ihre Liebe, ihre Begeisterung.

Wenn einer auf sein Geld schreibt: Tiberius, Kaiser, des göttlichen Augustus erhabener Sohn - dann kann man nicht friedlich mit ihm teilen. Denn diese Aufschrift bedeutet: Er will alles.

Und Jesus meint: Gebt es ihm dies Geld zurück, dies stinkende Geld mit seinem gottlosen Anspruch, dies Geld gehört ihm wirklich, zu seiner Schande.

Aber das ist auch alles: Nichts sonst gehört ihm. Vor allem ihr nicht, ihr gehört ihm nicht. Und wenn auch der Gottessohn in Rom sich einbildet, ihm gehörte die ganze Welt - er irrt, sich, er macht sich lächerlich.

Dem Silber ist das Bild des Kaisers aufgeprägt, sein Anspruch. Darum gehört ihm das Geld.
Aber ihr gehört ihm nicht, denn ihr tragt ein andres Bild, wie es heißt: Gott schuf den Menschen ihm zum Bilde, zum Bilde Gottes schuf er ihn. Das ist euer Wert und euer Anspruch.
Wir haben ein anderes Bild in uns, eine andere Vorstellung von Glück und von Sinn. Nur von Gott lassen wir uns sagen, wie wir sind und wie wir sein sollen.
Nun gibt es seit langem keinen Kaiser mehr. Wer sagt uns heute, wie wir sind und wie wir sein sollen? Heute sind es andere Mächte. Wenn wir heute in den Fragen und Problemen unseres Alltags von Gott reden - oder in Fragen der Politik - dann hören wir auch schnell: Da hat Gott nichts zu suchen. Da regieren Sachzwänge. Und die besagen, dass man die Laufzeit der Atomkraftwerke verlängern muss oder in Afghanistan Krieg führen. Aber wir lassen uns nicht von Sachzwängen so bestimmen, dass Gott beiseite geschoben wird. Wir haben eine doppelte Bürgerschaft. Wir sind Bürger dieses Staates, aber auch Bürger einer anderen Dimension: Wir haben schon jetzt **Bürgerrecht im Himmel**, bei Gott. Wir sind als Christen hier nie mehr ganz zu Hause. In der Welt des Kaisers und der anonymen Mächte dieser Welt. Das ist provozierend und passt nicht herein. Der Anspruch dieser Welt an uns ist unersättlich. Alles will uns einnorden und auf Linie bringen. Überall sollen wir geprägt werden als Ja-Sager, als Konsumenten, die brav alles kaufen, was die Wirtschaft anbietet. Im Fernsehen wird uns gezeigt, wie wir sein sollen, jedenfalls wenn wir etwas gelten wollen, wenn wir beachtet und angesehen werden möchten. Die Werbung sagt: Wenn du so bist und das Richtige kaufst, dann bist du richtig. Jung und dynamisch und gut drauf.
Da soll uns ein Bild aufgeprägt werden, wie auf die Münze des Tiberius, da wird bestimmt, wie wir sein sollen.
Es ist wichtig aufmerksam zu sein, wo Ansprüche auf uns erhoben werden, wo Menschen vereinnahmt werden sollen, wo sie geprägt werden sollen durch Mächte, die den ganzen Menschen wollen. Da erinnern wir uns, dass wir Gottes Bild sind.

Daher kommt unsere Freiheit. Wir gehören ihm - und niemand sonst hat ein Recht an uns.

24. Liebe Gemeinde

1. Johannes 4, 16b - 19

Liebe Gemeinde,

warum rede ich Sie so an? Wenn es nicht nur so dahingesagt ist? Sind Sie so lieb? Nun will ich gerne sagen, dass die Gemeinde in Ahausen mir lieb geworden ist über die vielen Jahre. Lieb geworden in den vielen Menschen, die mir begegnet sind. Es fällt mir also nicht schwer, euch so anzureden. Aber auf mein persönliches Wohlwollen allein kann sich diese Anrede doch nicht gründen. Wenn sie eine Predigt eröffnet, meint sie doch mehr. Gemeint ist die von Gott geliebte Gemeinde. Und das seid ihr heute morgen: Von Gott geliebt. Das ist es, was eigentlich jede Predigt zu sagen hat, das ist ihre Aufgabe und ihr Kern. Und damit ist eigentlich alles gesagt. Und es könnte also das Amen folgen; zu deutsch: das steht fest, das ist wahr. Das wäre die kürzeste Predigt**: Liebe Gemeinde - Amen**.

Nun bitte ich doch um Geduld, weil ich noch etwas länger reden will. Dieses Bibelwort beschäftigt mich schon sehr lange. Es ist mein Konfirmationsspruch: Gott ist Liebe, und wer in der Liebe bleibt, der bleibt in Gott und Gott in ihm. Und als wir geheiratet haben, haben wir uns den auch als Trauspruch ausgesucht.

Seitdem beschäftigt mich dieser Satz. Ich würde ihn gerne eines Tages verstehen. Manchmal denke ich, wenn ich ihn verstanden hätte, dann wäre ich mitten im Zentrum des christlichen Glaubens, im innersten Geheimnis. Aber bis dahin ist es noch weit.

Aber vielleicht gehe ich auch am Eigentlichen vorbei. Vielleicht muss ich diesen Satz gar nicht verstehen. Es heißt ja nicht: Wer die Liebe versteht, hat Gott verstanden. Sondern: Wer in der Liebe bleibt, der bleibt in Gott und Gott in ihm.

In der Liebe bleiben ist etwas anderes als die Liebe verstehen. Es ist der Gegensatz von innen und außen. Verstehen ist der Blick von außen - und der führt manchmal nicht zu dem wirklich Wichtigen. Liebende müssen die Liebe nicht verstehen, solange sie in der Liebe bleiben. Sie können die Liebe auch nicht erklären. Erklären schafft schon Abstand. Sie sagt: ich liebe dich. Und er sagt: Erst müssen wir klären, was wir unter Liebe verstehen.

Nein, Liebenden muss man die Liebe nicht erklären. Und einem Menschen, der nie in seinem Leben Liebe erfahren hätte - dem könnte man die Liebe nicht erklären, auch wenn man noch so viele Worte macht.

Und wenn jemand behauptete, es gäbe keine Liebe, könnte man mit Argumenten dagegen wenig ausrichten. Liebende würden sich da immer hilflos fühlen - wie soll man das, was doch erfüllt, jemandem beweisen?

So ist das mit Gott auch. Ich glaube, dass alle Liebe der Welt einen gemeinsamen Ursprung hat in der Liebe Gottes. In dieser Liebe bewegen wir uns wie Wassertropfen im Ozean - und nur so können wir leben. Gott ist Liebe - das ist das letzte und größte Geheimnis des Glaubens. Erklären können wir es ebenso wenig wie ein Wassertropfen den Ozean erklären kann. Und wenn ein Wassertropfen einem anderen erklärte, es gäbe keinen Ozean, was sollte der andere darauf sagen? So geht es auch, wenn darüber diskutiert wird, ob es Gott gibt oder nicht - mit Argumenten hin und her. Das ist oft vergebliche Mühe. Nun gibt es sicher gute Gründe, an Gott zu glauben. Und Theologie ist dazu da, diese Gründe auch zu durchdenken und zu entfalten. Aber durch Argumente ist noch niemand zum Glauben gekommen. Nur durch die Begegnung mit dieser großen Liebe.

Gott ist Liebe. Es gibt Leute, die sagen: das ist zu wenig. Man muss doch auch von Gottes Zorn und Strafen reden. Sonst nimmt man Gott am Ende gar nicht mehr ernst. Dann wird der „liebe Gott“ zu einer komischen Figur im Himmel, der alles liebt und verzeiht, ganz egal was Menschen tun. Muss man hier nicht auch von Gottesfurcht reden? Es gibt Menschen, die haben ein Bild von Gott nur durch Angst vermittelt bekommen. Als Kind etwa: Gott, der alles sieht, auch die geheimsten Gedanken - und alles bestraft. Und das hat schreckliche Folgen für die Seele eines Kindes. Furcht

wird zum Mittel, um Menschen unter Druck zu setzen und zu manipulieren. Nein: *Furcht ist nicht in der Liebe, sondern die vollkommene Liebe treibt die Furcht aus.* Wird Gott damit zur harmlosen Figur, nicht ernst genommen? Natürlich nicht.
Was belastet mein Gewissen mehr:
Wenn ich jemanden verletze, der mir Angst macht -
oder wenn ich jemanden verletze, der mich liebt?
Wo Liebe im Spiel ist, braucht es keine Furcht, um Achtung und Respekt zu erzwingen.
Aber in der Bibel wird doch auch vom Zorn Gottes geredet und von Strafen. Bis dahin, das Gott einmal die ganze Menschheit in der großen Flut ausgerottet haben soll. Wie kriegen wir das zusammen? Ich kriege das nicht zusammen. Und der, der unseren Predigttext geschrieben hat, lässt es einfach beiseite. Das ist seine unglaubliche Einseitigkeit. Gott ist Liebe und nur Liebe.
Trotzdem glaube ich: Liebe und Zorn schließen sich nicht aus. Wer über mich zornig ist, zeigt, dass ihm etwas an mir liegt, dass ich ihm nicht gleichgültig bin. Wenn jemand, den ich liebe, etwas Schreckliches getan hat - wird mich das furchtbar treffen und auch zornig machen. Wenn der mir aber gleichgültig wäre, würde ich mich nicht so aufregen. Ich glaube, so ist das mit Gott auch. Weil wir ihm so lieb sind, macht ihn manches so zornig.
Da wird seine Liebe verraten. Und das ist schrecklich für jemanden, der liebt und keine Liebe zurückbekommt.
So geht es Gott oft genug. Seine Liebe wird nicht erwidert, wird verachtet und mit Füßen getreten. Mit Füßen getreten, wo unsere Brüder und Schwestern, Gottes Kinder und Geschöpfe seiner Liebe, misshandelt und verachtet werden. In den geschlagenen Mitmenschen wird Gott selbst geschlagen, wird seine Liebe verletzt. Er erträgt das alles. Er hält das aus. Er hält das aus bis zum Tod am Kreuz. Er lässt nicht nach, lässt nicht locker bei uns. Er verströmt seine Liebe immer weiter. In der Hoffnung, dass wir sie annehmen und erwidern und weitergeben. Als Geliebte leben und lieben und uns freuen. Das wars, was ich noch sagen wollte. Ich weiß, es gibt

noch viele Fragen, für mich jedenfalls. Aber wenn ich denen jetzt weiter nachgehen würde, hätten wir statt der kürzesten Predigt bald die längste. Wir werden hoffentlich noch oft Gelegenheit haben zur Predigt und zum Gespräch. So kann ich nur noch sagen: Liebe Gemeinde - Amen.

25. Reiche Ernte

Lukas 8,4-8

Ein fröhlicher Landmann. Einer aus der guten alten Zeit, als man noch mit der Hand säte. Er trägt die Körner in einem großen Tuch umgebunden, greift hinein und wirft mit vollen Händen die Samenkörner rechts und links aufs Feld. Und dazu pfeift er vielleicht ein Lied - und die Sonne scheint, ein klarer Tag mit blauem Himmel.

Ihm geht es gut, sein Herz ist leicht. Er weiß, dass er etwas Gutes und Sinnvolles tut. Die Welt braucht Brot - und aus den Körnern wird es wachsen.

Hin und wieder fallen auch Körner daneben, auf den Weg, auf Steine, unter Dornen. Mag sein, dass aus denen nichts wird. Schade, aber damit muss man rechnen. Nicht jedes Korn geht auf. Aber die meisten. Und dass ein Korn daneben fällt - was soll man dagegen machen? Ängstlich jedes Körnchen auf den richtigen Platz legen? Da würde man ja nie fertig. Und welches ist schließlich der richtige Platz für jedes Korn. Der Landmann ist großzügig beim Säen. Er knapst und knausert nicht.

So erzählt Jesus die Geschichte. Und er erzählt nicht von der Landwirtschaft, er erzählt von Gott.

So ist das mit Gott. So großzügig wie der Landmann verteilt Gott seine Gaben. Er streut mit vollen Händen aus. Ob etwas bei den Menschen daraus wächst? Wer kann das wissen?

Jesus erzählt von der Großzügigkeit Gottes. Und er macht es selbst vor. Er erzählt seine Geschichten allen, die er trifft. Er setzt sich zu Bettlern an den Straßenrand, er lädt sich bei Betrügern und Geizhälsen ein, schwere Jungs und leichte Mädchen sind bei ihm willkommen.

Mit allen redet er, für alle hat er ein gutes Wort.

Und die ehrbaren Bürger sehen es und ärgern sich und sagen: Das bringt doch nichts. Das ist vergeudete Zeit. Was erzählt er diesem Gesindel von Gott? Die werden nicht umkehren und sich ändern.

Vielleicht kennen Sie das auch, dies Gefühl: Das bringt doch nichts. Sich um diesen oder jenen Menschen kümmern, das ist zwecklos. Ihm ein gutes Wort sagen, ihm einen Rat geben, ihm Mut zusprechen - das hört der gar nicht. Das interessiert den gar nicht, zum einen Ohr rein, zum anderen raus. Oder es ist einer, dem geht dauernd etwas anderes durch den Kopf, der hat keine Ausdauer, der kann keine Sache durchziehen.. Der hört das wohl und sagt „ja, ja" - aber kaum ist er draußen, hat er schon was anderes im Kopf - und das wird auch nichts werden.

Hat gar keinen Sinn, mit dem zu reden.

Oder einer, der hat nur seine eigenen Sorgen und Probleme und Wehwehchen im Kopf. Und jammert einem ständig davon vor. Und wenn man ihm Mut zusprechen möchte und ihm von der Freude Gottes erzählen, die auch in seine Sorgen reicht - das nützt gar nichts, das hört er gar nicht, er fängt mit der gleichen Leier immer wieder von vorne an.

Das ist schlechter Boden, festgetrampelt und hart, das ist nur Gestrüpp, nur Steine. Da wächst nichts, da ist jedes Korn verschwendet.

Von wegen - sagt Jesus. Gott ist großzügig. Er streut mit vollen Händen aus. Und ob der gute Acker immer da ist, wo wir denken, wer kann das sagen. Lieber einmal etwas verschwendet als einmal geknausert.

Es wird schon wachsen, es wird hundertfache Frucht bringen. Ihr werdet es schon sehen, das Feld im Herbst, die Ähren golden und schwer. Einige Körner werden auch nicht aufgehen. Das ist traurig. Aber so ist das bei den Menschen. Nicht immer wächst das Gute, manchmal verdorrt es auch. Es mag einem Leid tun um einen Menschen, wenn man sehen muss: da scheint nichts zu wachsen, da ist wohl alles hart und vertrocknet.

Aber das macht den Landmann nicht mutlos. Er sät weiter mit vollen Händen. Und wer weiß, vielleicht erholt sich ein Pflänzchen, das erst klein und schwach aussah, doch noch.
So geht es bei Gott zu, so macht es Jesus vor - und geht es uns auch. Wir möchten den Menschen gute Geschichten erzählen von Jesus und wie Gott uns liebt. Wir möchten mit vollen Händen gute Worte und Beispiele ausstreuen. Wir möchten Kinder taufen und Ehepaare einsegnen und Jugendliche konfirmieren. Und mancher schüttelt den Kopf darüber und sagt: was soll denn das bringen? Da wächst sowieso nichts draus. Die kommen einmal und dann ist es vorbei und nichts bleibt nach. Da fallen alle guten Worte auf harten Weg oder unter die Dornen.
Und dann stelle ich mir wieder den fröhlichen Landmann vor. Natürlich geht nicht alles auf, aber sollen wir uns deswegen die Ernte verderben lassen? Wenn der Landmann vor lauter Ärger, dass manches nicht aufgeht, gar nicht mehr säen würde? Wo käme dann das Brot her?
Aber er ärgert sich nicht drum. Er pfeift sein Lied und streut mit vollen Händen aus. Und freut sich auf die Ernte, die kommt und auf die hundertfache Frucht.

26. Salz und Licht

Matthäus 5, 13 - 16
Ihr seid Salz - ihr seid Licht. Sagt Jesus seinen Zuhörern. Er sagt nicht: Ihr sollt Licht sein - oder: Bemüht euch, Licht zu werden.
Ihr seid das Salz für die Welt, ihr habt die Kraft. Und Salz hat große Kraft: ein paar Körner reichen für die ganze Suppe. Also keine Angst vor der kleinen Zahl. Ihr, die ihr heute morgen hier sitzt, ihr seid das Salz und das Licht für die Welt. Also nur zu. Das ist die Kraft des Salzes: Eine kleine Menge verändert eine große. Dabei tut das Salz gar nichts, es strengt sich nicht besonders an. Es ist nur da. Im Gegenteil: Es löst sich auf. Es dringt in alles ein. Es verändert den Geschmack, es konserviert, es regt an.

Das mit dem Auflösen ist allerdings so eine Sache. Das Salz ist ein Kristall. Und Kristalle sehen schön aus: Gerade und regelmäßig. Kunstwerke fast. Und es mag Leute geben, die wollen das Salz nicht hergeben, damit es sich auflöst. Die würden es lieber bewundern und beschreiben und ausstellen. Die würden sagen: das Eigentliche am Salz geht verloren, wenn es in die Suppe kommt. So wie es Leute gibt, die fürchten: Wenn christlicher Glaube zu sehr mit allen einlässt, mit allen redet, alle verstehen möchte, von allen lernt - dann ist er in Gefahr, sein Eigentliches aufzugeben, dann löst er sich auf.

In den christlichen Kirchen gibt es Leute, die haben Angst davor, dass das Salz sich auflöst in der Suppe, also: dass der christliche Glaube sich auflöst in der Suppe dieser Welt. Wenn er sich zu dicht hinein begibt, sich zu sehr einlässt auf andere Bestandteile, auf andere Gedanken und Fragen. Manche Theologen und Kirchenleitungen möchten lieber die schönen Kristalle ausstellen. Und sie genau beschreiben in dicken Büchern, um herauszufinden, was evangelisches und katholisches Salz unterscheidet. Damit die sich keinesfalls vermischen. Um zu verhindern, dass evangelische und katholische Kristalle gemeinsam die Suppe durchdringen und verändern und schmackhaft machen. Evangelische und katholische Christen könnten so viel gemeinsam tun, wenn die Kristallliebhaber auf beiden Seiten es nicht verhindern würden. Dass evangelische und katholische Christen nicht gemeinsam zum Abendmahl gehen können, ist heute ein trauriger Skandal.

Denn Salz in Kristallform ausgestellt ist sinnlos. Es tut nicht, wozu es da ist. Es salzt nicht. Es bleibt den Geschmack schuldig. Man kann es nur wegwerfen.

Also hinein in die Suppe - und ohne Angst. Gut, wenn Christen dabei sind - in der Politik, in der Erziehung, in der Wirtschaft, im Büro, in der Werkstatt. Sie müssen nicht die Mehrheit haben, aber wenn sie da sind, werden sie wahrgenommen werden. Da kommt ein neue Geschmack dazu. Da kann es sein, dass man aufmerksam wird und sagt: Nanu, da verändert sich was. Da wird der Umgangston anders, da redet man miteinander statt hinten herum. Da werden Schwächere nicht abgeschoben, sondern unterstützt.

Es ist gar nicht nötig, seine Mitmenschen mit viel Reden bekehren zu wollen. Nur da sein, das reicht. Gelegenheiten gibt es jeden Tag.

Ihr seid Salz, ihr seid Licht, einfach nur dadurch, dass ihr da seid. Mehr braucht es nicht. Es sei denn, ihr bringt euch selbst um eure Wirkung. So wie wenn jemand ein Licht anzündet und dann einen Topf darüber stülpt, damit es ja keiner sieht. So ist das, sagt Jesus, wenn ihr Licht seid und meint, ihr müsstet es verstecken. Ja nur keinen merken lassen, dass christlicher Glaube euch etwas bedeutet. Glaube sei Privatsache, sagt man heute oft. Der Satz hat, als er entstanden ist, einen anderen Sinn gehabt. Nämlich zu Zeiten, als Herrscher ihren Untertanen einen bestimmten Glauben aufzwingen wollten. Da sagte man: Mein Glaube ist meine Sache, das geht nur mich etwas an. Heute ist das anders bei uns. Da zwingt niemand jemandem einen Glauben auf. Da jeder glauben, was immer er will, das interessiert niemanden. Damit ist die Sache ins Gegenteil umgeschlagen. Man sieht überhaupt nicht mehr, was jemand glaubt. Der Glaube droht so zur Privatsache zu werden, dass er immer weiter verschwindet. Er ist unter dem Topf. Von Zeit zu Zeit müsste man wohl einmal den Topf hochheben, um nachzusehen, ob noch ein kleines Flämmchen brennt. So ein Unsinn, meint Jesus. Ihr seid Licht, nun lasst es doch auch leuchten. Lasst es sein Werk tun. Licht wird in dieser Welt so nötig gebraucht. Seht euch nur um. Wie viele Ecken gibt es, denen etwas Licht gut täte. Auch da gilt: Ihr müsst nicht viel Aufhebens machen. Ihr müsst nur da sein - und nicht mit einem Topf über dem Kopf. Es gibt einen guten Satz, der heißt: Rede von deinem Glauben nur, wenn du gefragt wirst, aber verhalte dich so, dass du gefragt wirst.

Salz und Licht – wir sind es, wir tragen es in uns, wir nehmen es mit – auch aus diesem Gottesdienst.

27. Du bist gemeint

Lukas 1,26-38

Kann man sich in Maria hineinversetzen? Wenn ihr gesagt wird: Du bist von Gott auserwählt, mit dir hat Gott etwas Besonderes vor. Durch dich will er Großes tun. Durch dich wird er die ganze Welt verändern.

Wie einem zu Mute ist, wenn man das hört! Wenn einer zu mir sagen würde : Du bist nicht irgendwer, nicht irgendeine kleine Null, du bist auserwählt. Durch dich soll etwas ganz Großes geschehen. Die ganze Welt wird deinen Namen kennen und durch Jahrhunderte und Jahrtausende wird man von dir erzählen! Was würde ich tun, wenn einer das zu mir sagen würde? Auf der einen Seite ein ungeheures Gefühl: Von allen erdenklichen Menschen hat Gott gerade mich auserwählt. Und wer hätte nicht heimlich schon einmal einen solchen Traum gehabt - mehr zu sein als ein gewöhnlicher Sterblicher. Die ganzen alten Filme sind voll davon. Diese Geschichten von kleinen, armen Zimmermädchen, die sich mühsam durchs Leben schlagen und gedrückt und belächelt werden. Die man spüren lässt, dass sie nichts sind und nur zum Putzen da. Und einmal, da dürfen sie zu einem Ball, vielleicht durch Zufall, durch eine Verwechslung. Da stehen sie in einer Ecke und trauen sich kaum unter die Leute vor so viel Glanz. Und dann kommt der Prinz und geht auf sie zu, geradewegs auf sie, und alle anderen erstarren vor Entsetzen und vor Neid - und reicht ihr den Arm und sie tanzen einen Walzer nach dem anderen und die Hochzeitsglocken läuten und eine weiße Kutsche fährt vor. Das alte Aschenputtel - Märchen. Warum ziehen solche Filme immer wieder? Weil sie diesen geheimen Wunsch von uns zum Thema haben: Es möchte einer kommen, ein Engel, ein Prinz, ein Star - und möchte auf uns zugehen und sagen: Dich meine ich, dich will ich, komm mit. Und wir würden mit ihm davon schweben in eine andere Welt, alles hinter uns lassen, was uns das Leben so beschwerlich und mühsam und grau macht.

Aber vielleicht ginge alles auch ganz anders: Wenn der Engel käme und würde sagen: Du bist gemeint, du bist auserwählt vor allen Menschen. Dass ich weglaufen würde und sagen: Lass mich in Ruhe, lass mir mein kleines Leben, lass mich unbekannt bleiben! lass mich einer von vielen sein, nichts Besonderes. Ich will nicht das Schicksal der ganzen Welt in meinen Händen. Ich will die Verantwortung nicht! Vielleicht wäre ich gar nicht so glücklich, wenn ein Engel zu mir käme.

Maria verhält sich ganz anders. Sie strahlt nicht, sie springt nicht vor Freude herum, aber sie läuft auch nicht weg, weist den Engel nicht ab. Sie sagt nüchtern und leise: Mir geschehe, wie du gesagt hast. So als wüsste sie schon, dass da kein Märchenprinz angesagt ist, der sie bei der Hand nimmt und ins Märchenland entführt. Kein Star, in dessen Glanz sie sich sonnen kann. Kein Held, der ihr die Welt zu Füßen legt. Der Sohn, der da kommen soll, wird ihr Schmerzen bereiten ihr Leben lang. Kaum dass er geboren ist, wird sie mit ihm ins Ausland flüchten müssen. Sein ganzes Leben lang wird sie mit Kummer und Sorgen auf ihn sehen, wird ihn oft nicht verstehen, wird das Unheil immer näherkommen sehen. Und dann wird sie unter seinem Kreuz stehen, wird ihn sterben sehen, den Angekündigten, nicht den Märchenprinz, nicht den Star, nicht den Helden.

Der Engel kommt auf sie zu und sagt: Du bist gemeint. Du bist die Auserwählte. Und führt sie nicht ins Märchenland, nicht ins Paradies. Sondern mitten in die Not und Angst des Lebens. Des Lebens mit diesem Sohn. Aber so sind Gottes Boten wohl immer. Sie rufen nicht ins Märchenland, sie rufen mitten ins Leben. Wie auch er, der Sohn, gerufen hat. Er ist auch so auf die Leute zugegangen, hat sie angesprochen und hat zu ihnen gesagt: Du bist gemeint. Dich hat Gott auserwählt. Zu Fischern aus Galiläa hat er das gesagt. Die haben ihre Boote und ihre Netze liegengelassen uns sind mit ihm gegangen. Zu einem Zöllner an einem Schlagbaum hat er das gesagt. Der ließ seine Zollkasse und ging mit. Sie alle gingen in eine ungewisse Zukunft und letztlich in den Tod. Und wenn er zu einem von uns sagt: Du bist gemeint, komm mit - dann führt er auch uns nicht in ein Märchenland. Unser Auftrag geht in den Alltag der Welt, mitten in Not und Elend unseres Alltags. Damit wir Boten werden wie er, der Sohn - und wie der Engel. Damit wir wie der Engel zu den Menschen gehen, zu denen, die einsam und verlassen sind oder im Elend und sagen: Du bist gemeint, dich hat Gott auserwählt, gerade dich liebt er so, dass er seinen Sohn geschickt hat.

Wir haben bei der Maria angefangen und uns in sie hineinversetzt. Und jetzt sind wir bei dem Engel angekommen und haben uns in seine Rolle versetzt. Einer dem anderen ein Engel zu sein. So sind wir in beiden Personen enthalten, im Engel und in Maria. Im Engel, der sagt: Du bist gemeint - und in Maria, die sagt: Mir geschehe, wie du gesagt hast!

28. Wer ist Gott recht?

Lukas 18,9-14

Ich habe noch ein Bild vor Augen aus einem Urlaub. Da war Sonntag, es läutete zum Kirchgang. Festtäglich gekleidete Leute kamen über den Platz vor der Kirche und gingen durch die Kirchentür. Draußen auf dem Kirchplatz hatte sich eine Gruppe Punks niedergelassen. In abgerissenen Klamotten, mit bunten Haaren, einer hatte eine struppigen Hund dabei, einer eine weiße Maus. Die Kirchgänger machten einen kleinen Bogen und sahen sich verstohlen nach den Punks um. Vielleicht hat mancher gedacht: „Dass die hier einfach vor der Kirche auf dem Rasen sitzen dürfen! Das stört doch! Sollte man sie nicht lieber wegschicken?“ Ich gestehe, dass mir dieser Gedanke jedenfalls gekommen ist. Aber das ist es schon wieder: Das alte Schema: Die Guten gehen in die Kirche und die nicht so Guten lümmeln sich davor auf dem Rasen? Ich danke dir, Gott, dass ich nicht bin wie die da?

Zwei Männer gehen in den Tempel, um zu beten. Der eine Mann geht mit festen Schritten nach vorne. Er kennt sich aus, er gehört da hin. Er ist in Ordnung. Und zum Beweis zählt er auf, was er alles tut. Und das ist nicht wenig. Er gibt von allem, was er einnimmt, 10% an die Tempelkasse und für die Armen. 10 % des Einkommens - wer will, kann sich ja mal ausrechnen, wie viel er selbst da spenden müsste. Aber er kann mit sich selbst nur dadurch zufrieden sein, dass er den anderen schlecht macht und sagt: Ich bin besser als der da. Und das macht alles wieder zunichte. Da nützen die guten Taten alle nichts.

Der andere Mann, der sich hinten in die Ecke drückt, ist nicht mit sich zufrieden. Und da fällt ihm nur eines ein: Gott, hab Erbarmen mit mir, ich bin ein sündiger

Mensch. Er ist Zolleinnehmer von Beruf. Damals bedeutete das etwas anderes als heute. Er konnte den Leuten soviel Geld abnehmen, wie er wollte. Er war reich dabei geworden, aber was nütze ihm das. Die Leute hassten und verachteten ihn, ließen ihn links liegen, sprachen nicht mit ihm. Nur - was sollte er tun? Das Unrecht wieder gut machen? Wie denn? Einen anderen Beruf suchen? Wer würde ihm Arbeit geben? Und was würde aus seiner Familie? Er ist ausweglos verstrickt in seine Lage. „Gott hab Erbarmen mit mir, ich bin ein sündiger Mensch.

Aber die Geschichte geht noch weiter. Mitten im Gottesdienst ging die Tür auf und die bunte Gesellschaft kam herein mit Hund und weißer Maus und allem. Sie drückten sich erst etwas hinten herum, wussten nicht, was sie machen sollten. Aber Küsterin nahm sich ihrer an und setzte sie auf hinteren Bänke. Die Gemeinde sah sich um und manchem wurde etwas mulmig: Wenn die nun randalieren und den Gottesdienst stören, was dann? Mir jedenfalls kam der Gedanke. Was würde ich machen, wenn ich hier Pastor wäre? Der Kollege machte erst mal einfach weiter. Und dann standen die Punks nach einiger Zeit auf und verließen die Kirche, für ihre Verhältnisse ziemlich still und leise. Nun will ich den Vergleich mit dem Zolleinnehmer nicht übertreiben. Und behaupten, sie hätten in der Kirche irgend etwas gedacht wie „Gott sei mir Sünder gnädig". Aber es muss sie doch etwas bewogen haben, hereinzukommen und eine Weile sitzen zu bleiben. Und vielleicht hätte Jesus ihnen doch auch nachgesagt: Sie gingen aus der Kirche und waren Gott recht. Und die Kirchengemeinde, die da noch saß, hoffentlich auch.

29. Wieder gefunden

Lukas 15, 1 – 7

Wie das wohl ist, wenn man sich verlaufen hat und nicht weiter weiß? Auf einer Wanderung vielleicht? In unseren Gegenden ist das kein bedrohliches Problem. Aber wenn das in einer wirklichen Wildnis passieren würde? – oder in der Wüste? Da ist Verlaufen lebensbedrohlich. Da kann man sterben in der Wüste.

Manchmal verläuft man sich im Leben. Man gerät plötzlich in eine Situation, wo man nicht mehr weiter weiß. Man steht plötzlich allein und denkt: Wo bin ich? Wie bin ich hier her geraten?
Von einem Schaf wird hier erzählt. Das ist in so einer Situation. Es hat sich von den anderen entfernt und hat es gar nicht gemerkt. Vielleicht war es ein bisschen schneller als die anderen, wollte immer das beste und saftigste Gras, immer auf dem Sprung. Und plötzlich war es allein.
So geht es Menschen auch. Da ist einer immer vorne an, sucht immer seinen Vorteil, Hauptsache ich kriege das beste ab, und wenn ich des anderen wegschnappen muss. Und dann steht der Mensch auf einmal allein auf weiter Flur. Der Ehepartner hat sich zurückgezogen, die Kollegen gehen auf Abstand, die Nachbarn sind verärgert. Und dann steht man da und fragt sich: Wie bin ich hier her gekommen? Plötzlich ist Wüste nach allen Seiten.
Es gibt auch ganz andere Wege ins Abseits. Menschen, die sich zurückziehen, wenig mit anderen reden, viel mit sich selbst abmachen – und am Ende dann allein auf weiter Flur stehen. Verrannt, verloren in der Wüste. Ich bin sicher: Hier unter uns in unserem Ort gibt es Leute, die haben sich verlaufen. Und wenn ihr mal überlegt, kennt ihr auch welche. Und es gehört, denke ich, zur Gemeinschaft eines Ortes, das wir solche Menschen auch wahrnehmen. Das wäre schon eine ganze Menge.
Und was tut der Hirte? Er lässt die anderen 99 Schafe in der Wüste und geht das eine suchen. Ist das das Risiko wert? Dass man sich so auf das Verlorene, Verlaufene konzentriert und die Normalen, Unauffälligen links liegen lässt? Gott macht das so, meint Jesus. So ist Gott: Wenn er sieht, dass jemand sich verlaufen hat, lässt er alles stehen und liegen und geht ihm nach. Und Christen, wo sie dich Sache mit Jesus ernst nehmen, tun das auch. Auch wenn sonst viele finden, das Interesse der normalen und gesunden Allgemeinheit ginge vor. Warum Geld ausgeben für Verirrte und Hilfsbedürftige? Wo wir doch sparen müssen. Warum Geld ausgeben für Obdachlose, für psychisch Kranke, für verwirrte Alte, für auffällige Jugendliche, für asylsuchende Ausländer? Die 99 Schafe sind nicht einverstanden mit dem Verhalten

des Hirten. Sie blöken ärgerlich und regen sich auf: das eine Schaf ist doch selbst schuld, was muss es sich so von den anderen absetzen! Und jetzt kriegt es auch noch alle Aufmerksamkeit, jetzt setzt man sich so dafür ein! Ungerecht ist das!

Die Interessen der 99 gehen vor, das eine muss sehen, wie es zurechtkommt. Das ist jedenfalls die Logik der Schafe. Aber Gottes Logik ist anders. Gott sei Dank. So würde ich wenigstens sagen, wenn ich es wäre, der verloren ist und sich verlaufen hat. Und wer weiß - bin ich so sicher, dass ich auf dem richtigen Weg bin? Dass ich mich nicht auch einmal verlaufen könnte und plötzlich allein da stünde?

Und ich wäre zwischen Sand und Felsen verirrt - und es wird dunkel. Und dann auf einmal sähe ich in der Ferne ein Licht. Ein Lichtstrahl schwenkt hin und her und tastet die Felsen ab. Und ich wüsste: Da sucht mich einer. Einer hat mich nicht aufgegeben. Ich bin gerettet.

Gott sucht mich. So wichtig bin ich ihm, dass er alles andere stehen und liegen gelassen hat und nun kommt er. Er hat meine Spur gefunden und geht ihr nach.

Er will nicht, dass ich in der Wüste sterbe. Er will mich, wenn es denn sein muss und meine Kräfte nicht reichen, auch ein Stück tragen. Er hat die menschliche Wüste betreten - und um dahin zu kommen, ist er selbst Mensch geworden. Damit er auch die elendesten Winkel des Menschseins aufsuchen kann. In Jesus ist der große Hirte ganz klein geworden, damit er in jede finstere Ecke, in jeden Felsspalt hineinklettern kann.

Und nun leuchtet sein Licht nach mir - wie ein Suchscheinwerfer. So hat Jesus die Menschen immer gesucht - die Zöllner und Sünder, die Ausgestoßenen und Verachteten in den Wüsten der Welt. So hat er seine Worte und Geschichten ausgeschickt wie Suchscheinwerfer, damit Menschen ohne Hoffnung das Licht sehen und wissen: da ist einer, der lässt mich nicht im Stich. Die Worte der Bibel sind Gottes Suchscheinwerfer für uns. Und immer wieder werden Menschen von ihrem Licht erreicht.

Darum wollen wir denen, die sich verlaufen haben, sagen: habt keine Angst, ihr seid nicht allein. Gott sucht und findet euch. Und wenn ihr vor Erschöpfung nicht mehr laufen könnt, dann wird er euch auch eine Weile tragen.
Und dann ist die Freude groß. Bei den Menschen, die gefunden sind - und bei Gott auch. Dann macht er ein Fest - Sonntags oder alltags - und lädt alle ein. So auch heute im Gottesdienst. Er lädt alle ein und ruft uns zusammen und sagt: Freut euch mit! Überall, wo einer gefunden wird, überall, wo einer wieder zurückfindet.

30. Der besondere Augenblick

Matthäus 17,1-9
Mit dem christlichen Glauben ist das so eine Sache. Wir sagen zwar: ich glaube... aber wenn jemand sagt: Das ist doch alles Einbildung - dann kann man schwer etwas darauf antworten. Vielleicht geht Ihnen das auch so: Wenn wir von unserem christlichen Glauben reden, fühlen wir uns oft hilflos. Es ist alles so angreifbar, wir sind so leicht zu verunsichern. Wir haben so gar keine Beweise in der Hand. Wenn man mal sagen könnte: Lieber Gott, lass donnern und blitzen - und dann würde es krachen - und alle wüssten Bescheid. Es gibt sicher gute Gründe für den christlichen Glauben - und ich denke: bessere Gründe als für das Gegenteil - aber man kann es doch niemandem beweisen. Und wer nicht will, sieht es nicht ein. Da fühlt man sich manchmal hilflos. Das war aber schon zur Zeit von Jesus und seinen Jüngern nicht anders.
Sie waren schon eine ganze Zeit mit Jesus unterwegs gewesen und hatten ihn kennen gelernt. Sie hatten auch gehört, wie die Leute über Jesus reden. Er ist ein guter Mensch, sagen die einen. Er ist ein Betrüger, sagen die anderen. Er ist Gottes Sohn, sagen die einen. Er ist vom Teufel, sagen die anderen. Die Jünger haben in den Gesprächen sicher versucht, Jesus zu verteidigen und zu sagen, was sie von ihm denken. Nur beweisen kann man das niemand. Wenn einer sagt: Dieses Jesus war ein Wirrkopf mit unsinnigen, undurchführbaren Ideen, kann man ihm schwer das

Gegenteil beweisen. Na, noch mehr: Man kann sich selbst nichts beweisen. Die Jünger mögen in ihren Köpfen alles, was sie über Jesus wussten und erfahren hatten, hin und her gedreht und abgewogen haben. Aber das ändert alles nichts an den Zweifeln, die immer zurückbleiben. Haben sie nun die große Chance ihres Lebens ergriffen oder sind sie einem Betrüger nachgelaufen? Wer kann das mit völliger Sicherheit sagen?

Das Erlebnis auf dem Berg bringt ihnen einen Augenblick, wo dieser Zweifel ihnen genommen wird. Wo sie die Wahrheit sonnenklar vor Augen sehen. Jesus, so wird erzählt, veränderte sich vor ihren Augen. Nicht, dass er sich irgendwie verwandelte, er blieb immer noch derselbe. Er ist ihnen nur in einem anderen Licht erschienen. Es war nur auf einmal alles klar. Sie sahen ihn an und verstanden ihn und wussten, was er für einer war. Plötzlich ist es ihnen hell geworden, es hat ihnen eingeleuchtet. Da ist Jesus und bei ihm sind zwei große Männer aus dem alten Testament, Mose und Elia, beide schon viele hundert Jahr tot.

Und so kann ich auch gut verstehen, dass die Jünger diesen Augenblick festhalten möchten. Angst haben, dass er wieder vergeht. Und so kommt ihr Vorschlag, sie wollten an dieser Stelle Hütten bauen. Das ist sicher ein etwas naiver Vorschlag, aber es ist der Versuch, Jesus und seine seltsamen Besucher festzuhalten. Dann gäbe es keinen Zweifel mehr, dann wäre alles mit Jesus klar. Und wenn noch einer anders reden würde, wenn er noch etwas gegen Jesus sagen würde, könnte man ihn zu dem Berg führen und ihn Mose und Elia sehen lassen - und er müsste beschämt den Mund halten.

Aber Mose und Elia können nicht bleiben, jetzt ist nicht die Zeit. Und auch Jesus will nicht so bleiben, in Lichtglanz und Herrlichkeit. Er ist Mensch unter Menschen, in einer Krippe geboren und arm geblieben - und soll es auch sein. Er bleibt nicht im Lichtglanz, er geht in das Zwielicht von Meinungen und Zweifeln. Es scheint, dass und das den Glauben nicht gerade leichter macht. Wenn alles so eindeutig wäre wie bei diesem Erlebnis auf dem Berg.

Als wenn man die Leute einfach mitnehmen könnte zu dem Berg und sie Mose und Elia sehen lassen und Jesus in seinem Lichtglanz. Aber so geht es nicht. Die Jünger können diesen Augenblick nicht festhalten. Die Erscheinung vergeht wieder - und es ist niemand bei ihnen als Jesus allein. - und die alten Ungewissheiten und Zweifel sind wieder da. Die Jünger haben nur Jesus bei sich wie vorher. Sie haben seine Worte und sie haben seine Taten. Reicht das, sich darauf einzulassen? Sie mögen sich umsehen wie sie wollen, es ist nur Jesus da. Aber eben: Er ist da! Er verschwindet nicht wie die Lichtgestalten. Er bleibt, wie sie ihn kennen. Er ist kein flüchtiger Besuch aus einer anderen Welt.

So geht uns das auch. Wir haben nur seine Worte und seine Taten in einem Buch aus alter Zeit. Und wir haben Menschen aller Zeiten und Völker, die bezeugen können, dass das alles wahr ist. Wir haben niemand als Jesus allein. Und die Frage, ob wir uns mit ihm einlassen wollen oder nicht, kann uns kein Mose oder Elia abnehmen. Aber schön ist es doch, dieser Augenblick der Klarheit und der Gewissheit. Ich denke, den Jüngern wird der Weg ins Tal sonderbar leicht gefallen sein, eine Kraft für den weiteren Weg. Und so, denke geht es uns mit unseren seltenen Augenblicken der Klarheit und des Glücks auch, Sie lösen die Probleme nicht, aber sie geben Kraft und Mut für den weiteren Weg.

31. Gloria sei dir gesungen

Matthäus 25,1-13

Wachet auf! ruft uns die Stimme der Wächter sehr hoch auf der Zinne, wach auf, du Stadt Jerusalem. Mitternacht heißt diese Stunde. Sie rufen uns mit hellem Munde: Wo seid ihr klugen Jungfrauen?

So haben wir eben gesungen. Ein Lied um Mitternacht, wo es am dunkelsten ist. Wo man nicht weit sehen kann, wo die Welt eng geworden ist.

Mancher kennt vielleicht das Gefühl: Es ist dunkel, es ist eng. In Zeiten der Trauer erscheint die Welt dunkel und eng. Man kann nicht weit sehen, kaum die Hand vor Augen. Man kann sich nicht frei bewegen. Die Gedanken wandern immer im Kreis.

Schnell ist man an Grenzen. Man weiß wohl: Es gibt eine Welt da draußen, weites Land, Bäume und Wiesen und Wälder und Flüsse, aber man kann nicht hinaus aus den engen Kreisen.

Es ist dunkel. Man weiß wohl: Es kommt wieder ein Tag. Der Kopf weiß es, aber das Herz glaubt es nicht. Das Herz glaubt: Finsternis wird bleiben.

Und dann plötzlich schallt in die Dunkelheit ein Ruf. Wacht auf, steht auf! Es geschieht etwas, die Welt verändert sich, der Bräutigam kommt, eine Hochzeit steht bevor!

Auch da, wo ich mich im Dunkeln fühle und zwischen Mauern eingesperrt, gibt es andere, die sehen weiter. Die wissen mehr - und vieles, was ich wissen sollte und was mir helfen würde.

So geht mir das mit der Bibel. Wo ich mich eingesperrt und finster fühle, wo ich denke, ich begreife nichts und sehe keinen Sinn, da höre ich aus der Bibel andere Stimmen, Stimmen von Menschen die weiter sehen als ich. Stimmen, die mir Worte und Geschichten und Lieder zurufen. Worte vom Tag und vom Licht. Wie die Wächter auf den Mauern, die einen weiten Blick ins Land haben, während ich nur im Finsteren stehe.

Was die Wächter da ausrufen und singen, ist die Ankündigung einer Hochzeit. Denn von da oben, von ihrer hohen Warte aus sehen sie schon den Hochzeitszug kommen. Sie sehen den Lichtschein, die Lampen und Fackeln, sie hören schon Musik von ferne. Die Leute unten hören und sehen noch nichts. Und mancher mag sich abwenden und sagen: was diese Wächter da rufen und singen, ist alles Unsinn, alles dummes Zeug. Nacht ist Nacht, es bleibt immer finster. Mauern sind Mauern, da kommt keiner hinaus. Und das mit der Hochzeit ist ein Märchen, nichts für Leute wie uns, wir wissen es doch besser.

So geht es uns manchmal, wenn wir von den Worten und Geschichten der Bibel erzählen. Da gibt es auch Leute, die sagen: So ein Unsinn, da gibt es nichts, das ist alles ausgedacht, nur Märchen. Wir sehen davon nichts.

Und wir sagen: Das liegt daran, dass die Bibel weiter sieht als wir. Von hoch oben, sehr hoch auf der Zinne. Da sieht man mehr als bei uns hier unten. Das Licht kommt wirklich, das Fest wird bald beginnen.

Jesus treibt in seiner Geschichte die Frage noch weiter: Werdet ihr denn bereit sein für das Fest? Oder werdet ihr alles verschlafen und verpassen? Dazu erzählt er von den 10 Mädchen, die dem Hochzeitszug entgegengehen sollen mit ihren Lampen. Die einen haben sich vorbereitet, die anderen nicht. Die einen haben nämlich Öl mitgenommen, die anderen haben daran nicht gedacht. Die Klugen haben sich überlegt: man weiß ja nicht, wann der Bräutigam kommt. Es könnte sein, dass es sich hinzieht, dass man warten muss. Dafür sind sie bereit. Sie haben vorgesorgt, sie haben sich auf eine längere Wartezeit eingestellt.

Es kann eine Wartezeit geben. Da wird einem die Zeit lang beim Warten in der Nacht. Auch in der Trauer gibt es solche Zeiten. Da wird einem die Zeit lang. Und man fragt sich: Wird es denn jemals anders, wird sich das Leben noch einmal ändern? Wird es noch einmal hell werden für mich? Da gilt es, sich für solche Wartezeiten vorzubereiten und mit dem Nötigen zu versehen. Wer alles schnell will und sofort, kann damit nicht umgehen. Die Gedankenlosen unter den Mädchen sind unvorbereitet. Ihr Öl reicht nicht, ihre Lampen gehen aus. Das ist aber in der Finsternis das Entscheidende: Eine Lampe dabeizuhaben und etwas Öl. Was das für ein Licht sein könnte, darüber hat man viel nachgedacht. Das Licht des Glaubens, das Licht der Hoffnung, das Licht der Liebe.

Ein kleines Licht nur in der Finsternis der Mitternacht. Aber ein kleines Licht in finsterer Nacht hat eine große Macht. Es ist das Zeichen für das große Licht, das Licht des Festzuges, das Licht der Hochzeit. Gott kommt zu uns, er ist schon auf dem Weg, wie der Bräutigam zur Hochzeit kommt. Und er will uns wach antreffen und bereit. Dann will er bei uns einziehen, in unsere Dörfer, in unsere Häuser, in unsere Herzen. Und wenn er kommt, wenn der feierliche Umzug einzieht, werde ich mit meiner kleinen Lampe mitgehen und auch mein Licht wird mit dabei sein. Und ich glaube: Gott wird Wege finden, dass alle dabei sein können - Menschen aus allen

Zeiten und von allen Enden der Welt. Und auch die, die von mir gegangen sind, werden ihre Lampe tragen und ihr Licht wird im großen Schein des Festes aufgehoben sein.

Und dann - am Ende - wird man feiern. Die große Hochzeit, in der alles wieder vereint wird, Gott und Mensch und Welt. Und Gott wird alles in allem sein.

Der Dichter des Liedes fasst alles in ein großes Bild: Die leuchtende Stadt, die Musik, das Lob Gottes.

Gloria sei dir gesungen
mit Menschen - und mit Engelszungen,
mit Harfen und mit Zimbeln schön.
Von zwölf Perlen sind die Tore
an deiner Stadt, wir stehn im Chore
der Engel hoch um deinen Thron.
Kein Aug hat je gespürt,
kein Ohr hat je gehört
solche Freude.
Des jauchzen wir
und singen dir
das Halleluja für und für.

Printed by Books on Demand GmbH, Norderstedt / Germany